Practical Korean Language for Foreign Students

유학생을 위한 대학 한국어 중급

임진숙 · 한선경 · 차윤정 · 안희은 · 김강희 · 이훈석

박영사

머리말

이 교재는 유학생이 성공적인 대학 생활을 할 수 있도록 대학 수업과 생활에 필요한 내용으로 기획되었다. 3급 수준에 준하는 한국어 능력을 갖춘 유학생이 이 교재를 통해 학문적이고 전문적인 학업 수행과 일상적인 학교생활 내용을 동시에 학습할 수 있게 구성하였다.

첫째, 대학에서 학문적 내용의 학업 이수와 일상적 내용의 대학 생활이 가능하도록 단원의 주제를 균형적으로 선정하였다. 대학에 입학하여 학기를 시작하는 유학생을 위해 기본적인 수업 준비부터 수강 신청, 교내 및 교외 프로그램 참여, 전공 공부 고민, 진로 선택까지 한 학기 대학 생활에 필요한 주제를 선정하여 대학 학업 이수가 차질없이 진행되도록 하였다. 그리고 생활 습관, 인간관계, 한국어와 한국 문화 이해, 공공 생활의 주제를 통해 일상적 학교 상황에서 원활한 의사소통이 가능하도록 하였다.

둘째, 언어 기능을 통합한 교재로 어휘, 문법, 듣기, 읽기, 말하기, 쓰기가 유기적으로 연계되도록 구성하였다. 생각해 보기와 어휘 및 표현을 통해 그 과의 주제와 학습 목표를 명확하게 이해하고 듣고 말하기와 문법(3 개) 을 필수적으로 제시하여 명시적 한국어 학습이 가능하도록 하였다. 활동 1 과 활동 2 에서 대학 학업 이수와 대학 생활에서 마주할 수 있는 다양한 상황을 연출하여 읽기, 쓰기, 말하기의 언어 기능이 절충적으로 연계될 수 있도록 하여 학습자의 실천적 지식 영역을 확장하였다.

셋째, 확인 학습과 더하기를 배치하여 능동적이고 자기주도적인 학습이 가능하도록 구성하였다. 다양한 활동 부분이 충분한 사용으로 확장된 주제와 연계되어 앞서 제시된 어휘 및 표현을 재확인할 수 있도록 확인 학습을 마련하였다. 그리고 각 단원 마지막에 'KOCW 와 K-MOOC 학습 방법, 비교과 프로그램, 행사와 대회, 비건 식품, 세계의 기념일, 상담 프로그램, 몸짓 언어, 세계의 배려석, 외국인을 위한 공공장소, 진로 검사, 직업별 대표 인물' 등의 내용으로 더하기를 구성하였다. 유학생들은 주제의 실제성이 드러나는 더하기를 통해 한국과 한국 대학의 상황맥락을 이해하여 능동적이고 자기주도적인 학습자로 성장할 수 있다.

단원 구성

『유학생을 위한 대학 한국어 중급』은 수업 준비하기를 포함하여 총 12과로 구성되었다. 각 단원은 '도입 → 생각해 보기 → 어휘 및 표현 → 듣고 말하기 → 문법1, 문법2, 문법3 → 활동1, 활동2 → 확인 학습 → 더하기'로 구성되어 있다. 부록으로 색인 및 모범 답안이 수록되어 있다.

◎ **도입**
단원의 주제와 관련된 그림과
학습 목표를 제시하였다.

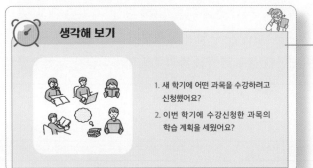

◎ **생각해 보기**
주제와 관련된 도입 질문 두 개를
제시하였다.

어휘 및 표현

◎ **어휘 및 표현**

주제와 관련된 어휘 및 표현을
제시하였다.

수강신청
전공 필수(선택)
교양 필수(선택)

학사 일정
수업계획서
성적평가 방법

새로운
생활

강의
발표
수업 방법
팀 활동

학습 계획
시간표 작성
학점 관리

듣고 말하기

◎ **듣고 말하기**

주제와 관련된 대화를 통해 학습할
내용을 미리 파악할 수 있도록 하였고,
듣기 음원을 제공하여 학습자들의
이해를 돕고자 하였다.

유　미: 페루즈 씨, '유학생을 위한 대학 한국어' 과목 수강신청 성공했어요?
　　　　지난 학기에 수강신청을 못 해서 아쉬워 했잖아요.
페루즈: 네, 드디어 그 수업을 듣게 되었어요.
　　　　수강신청 시작하기 2시간 전부터 기다리고 있다가 신청했어요.
유　미: 다행이네요. 그 과목은 유학생들에게 인기가 많아서 수강신청하기
　　　　힘들어요. 나는 지난 학기에 수강했는데 정말 유익한 수업이었어요.
페루즈: 그 수업에서 대학 생활에 필요한 내용뿐만 아니라 일상 생활에 필요한 내용도
　　　　공부할 수 있다고 들었어요. 유학생들 사이에서는 이미 입소문이 났어요.
유　미: 맞아요. 교수님께서 수업 시간마다 다양한 자료를 준비해서 활용하시니까 지
　　　　루하지 않아서 좋아요. 또, 설명도 천천히 자세하게 하셔서 이해도 잘 돼요.
페루즈: 이번 학기 이 과목 정말 기대돼요.
　　　　수업계획서 천천히 읽어보면서 수업 들을 준비해야겠어요.

1. 페루즈는 이번 학기에 어떻게 수강신청을 했습니까?
2. 유미가 말한 그 과목 교수님의 장점은 무엇입니까?
----
3. 여러분이 과목 수강에서 가장 중요하게 생각하는 것은 무엇입니까?

 유익하다　　자료를 활용하다　　지루하다　　기대되다

문법 1 　　　- 게 되다

✓ 의미

외부의 영향 때문에 변화된 상황이나 결과를 나타낼 때 사용한다.

✓ 형태

동사	받침O/X	- 게 되다	먹다	먹 + - 게 되다 → 먹게 되다
			배우다	배우 + - 게 되다 → 배우게 되다

예 1

◎ 한국 노래와 드라마를 좋아해서 한국어를 배우게 되었습니다.
◎ 처음에는 매운 음식을 잘 못 먹었는데 한국에서 생활하면서 잘 먹게 되었어요.

예 2

가: 이번에 드디어 한국어능력시험 5급에 합격하게 되었어요.
나: 정말 축하해요.

연습

1) 한국 언어문화 동아리에 _____. (가입하다)
2) 다음 학기에 교환학생으로 일본에 _____. (가다)

◎ 문법

주제와 관련된 문법의 의미와 형태를
제시하고 연습 문제를 통해 학습자가
문법을 이해하고 익힐 수 있도록
하였다.

활동1

■ 다음은 수강신청에 대한 대화입니다. 물음에 답하십시오.

Q. 강의에 대해 확인했나요?

강의 이름과 학번하고 제목임한다는 생각으로 선택한
다양한 학기 너희 과목을 들을 수 있는는 점 강의에 대한
세부 내용을 파악하고 선택하는 것이 중요합니다.

페루즈: 데이브, 이번 학기 수강신청 과목은 다 정했어?
데이브

◎ 활동

주제와 관련된 내용을 읽기, 쓰기를
포함한 다양한 유형으로 제시하였다.

활동 2

 다음 수업계획서를 확인해 보십시오.

유학생을 위한 대학 한국어 수업계획서					
과목명 (Subject)	유학생을 위한 대학 한국어	과목번호 (분반)	KGF203 (2분반)	학점	3
담당교수	김사람	수업 시간	화 6,7	강의실	B동 305호

확인 학습

1 알맞은 것을 골라 연결하십시오.

1) 수업의 전체적인 구성 및 수업 방식 등을 쓴 것 · · 가) 학사 일정

2) 학교 교육 일정에 대한 계획 · · 나) 교양 필수

3) 대학에서 학기가 시작하기 전에 자신이 들을 과목을 정하여 신청하는 것 · · 다) 수업계획서

4) 대학의 교양 과목 중에서 학생들이 꼭 이수하도록 정한 과목 · · 라) 전공 필수

5) 대학의 전공 과목 중에서 학생들이 꼭 이수하도록 정한 과목 · · 마) 수강신청

◎ 확인 학습

주제와 관련된 어휘 및 표현을
연습 문제로 제시하였다.

더하기

■ 학습 방법 알아보기

KOCW는 대학 기관에서 무료로 제공하는 수업 자료, 동영상 사이트이다. 로그인 없이도 무료로 들을 수 있다.

◎ 더하기

주제와 관련된 한국 문화 및 활동에서
다루지 못했던 내용을 키워드 중심으로
간단하고 가볍게 다루었다.

교재 구성표

단원 / 주제	듣고 말하기	문법 1,2,3	
수업 준비하기	수업 준비 및 새 학기 각오		
1과 새로운 생활	새 학기 수강신청	• -게 되다 • -기로 하다 • -기 위해서	
2과 학생 활동	학교 봉사 프로그램 참여 경험	• 덕분에 • -는 중이다 • -아/어 있다	
3과 행사와 대회	유학생 말하기 대회	• -아/어/여 버리다 • -(으)므로 • 을/를 통해서	
4과 생활 습관	건강한 생활 습관 만들기	• -자마자 • -아/어/여서 그런지 • -(으)ㄴ/는 편이다	
5과 유학 생활	성공적인 유학 생활	• -ㄴ/는다고 하다 • -기는 하지만 • -았/었/였을 때	
6과 특별한 날	한국의 명절	• -아/어/여도 • 밖에 • -ㄴ/는다면서(요)?	

	활동 1, 2	확인 학습	더하기
	• 수강신청 계획 • 수업계획서 확인 방법	새 학기 수강 관련 어휘	학습 방법 알아보기
	• 학습 튜터링 참여 경험 • 문화 체험 프로그램	학생활동 관련 어휘	비교과 프로그램 알아보기
	• 유학생 영상 공모 대회 • 학교 행사 공지문	행사와 대회 관련 어휘	다양한 행사와 대회 알아보기
	• 규칙적인 식습관 • 세계인에게 사랑받는 K-food	생활 습관과 영양소 관련 어휘	비건 식품 알아보기
	• 유학 준비에 필요한 것 • 한국 생활 적응의 어려움	유학 생활 관련 어휘	유학 생활을 돕는 사이트 알아보기
	• 세종대왕과 한글날 소개 • 자기 나라의 특별한 날	특별한 날 관련 어휘	세계의 재미있는 기념일 알아보기

단원 / 주제		듣고 말하기	문법 1, 2, 3
7과	고민과 상담	팀 활동에 대한 고민	• -(으)ㄹ까 하다 • -(으)ㄹ 만하다 • -(으)ㄴ / 는 대신(에)
8과	한국어와 문화	한국의 특별한 문화	• -(으)면 -(으)ㄹ수록 • 뿐만 아니라 • -(으)ㄴ / 는 반면에
9과	인간관계	룸메이트와의 관계	• -(으)ㄴ / 는 데다가 • -아/어/여야 • 끼리
10과	공공생활	외국인 등록증 재발급	• -기가 불편하다/편하다 • -(으)ㄹ 정도로 • -는 게 어때요?
11과	진로	적성에 맞는 진로 선택	• -고 나면 • 에 대해서 • -(으)ㄹ 테니까
12과	미래 계획	미래의 나의 목표와 비전	• 에 따르면 • -더라도 • -고 말겠다

	활동 1,2	확인 학습	더하기
	• 전공 공부에 대한 고민 • 다양한 상담 방법	고민과 상담 관련 어휘	상담 프로그램 알아보기
	• 한국의 특별한 문화 • 나라 간 문화 차이	한국어와 문화 관련 어휘	재미있는 몸짓 언어 알아보기
	• 기숙사 룸메이트와의 관계 • 인간관계를 잘 유지하는 방법	인간관계 관련 어휘	각국의 배려석 알아보기
	• 공과금을 내는 법 • 한국의 건강보험제도	공공 생활 관련 어휘	우리 지역의 공공장소 알아보기
	• 나에게 맞는 진로 찾기 • 직업 선택의 조건	진로 관련 어휘	진로별 특성 알아보기
	• 효과적인 미래 계획 • 장기적인 인생 계획과 인생 그래프	미래 계획 관련 어휘	직업별 대표적인 인물들 알아보기

수업 준비하기

생각해 보기

1. 수업에 잘 적응하기 위해서 어떤 준비를 해야 해요?
2. 새 학기를 시작하는 나만의 각오가 있어요?

수업 준비 1

새 학기의 수업을 시작하기 전에 어떤 준비를 했습니까?
아래의 내용을 확인하고 준비가 된 것에 ✓ 표시를 하십시오.

- ☐ 장바구니에 담은 수업을 확인했다.
- ☐ 교과목과 담당 교수를 확인했다.
- ☐ 수업에서 사용하는 교재를 준비했다.
- ☐ 강의실의 위치를 확인했다.
- ☐ 수업계획서를 확인했다.
- ☐ _____
- ☐ _____
- ☐ _____
- ☐ _____

수업 준비 2

새 학기에 이루고 싶은 목표가 있습니까? 여러분의 새 학기의 각오를 써 보십시오.

책을 많이 읽고 싶다.

공부를 열심히 해서 성적관리를 잘 하겠다.

한국어 능력 시험에 도전해서 높은 점수를 받고 싶다.

_____

_____

_____

_____

수업을 잘 듣기 위한 전략을 확인해 보십시오.

■ 전공 수업 따라잡기 TIP

- 교수님께 미리 이메일로 수강신청 상담을 합니다.
- 수업 전에 배울 내용을 예습합니다.
- 수업 내용을 잘 필기합니다.
- 모국어로 필기한 내용을 한국어 사전을 찾으면서 다시 정리합니다.
- 전공 수업을 같이 듣는 친구들과 친해지기 위해 노력합니다.
- 팀 활동에 적극적으로 참여합니다.

수업 준비 3

대학교의 수업은 다른 학생들과 함께 팀을 이루어
과제를 수행하는 수업이 많습니다.

■ 팀 활동을 잘할 수 있는 방법

- 팀만의 규칙을 세우기
- 적극적으로 자료 공유하기
- 자료의 출처를 정확하게 적기
- 믿을 수 있는 자료를 사용하기
- 내가 맡을 수 있는 역할을 말하기

새로운 생활

학습목표

- 🎈 새 학기 수강신청 관련 내용을 이해할 수 있다.
- 🎈 수강할 교과목에 대한 정보를 알 수 있다.

생각해 보기

1. 새 학기에 어떤 과목을 수강하려고 신청했어요?

2. 이번 학기에 수강신청한 과목의 학습 계획을 세웠어요?

어휘 및 표현

수강신청
전공 필수(선택)
교양 필수(선택)

학사 일정
수업계획서
성적평가 방법

**새로운
생활**

강의
발표
수업 방법
팀 활동

학습 계획
시간표 작성
학점 관리

유　미: 페루즈 씨, '유학생을 위한 대학 한국어' 과목 수강신청 성공했어요?

지난 학기에 수강신청을 못 해서 아쉬워 했잖아요.

페루즈: 네, 드디어 그 수업을 듣게 되었어요.

수강신청 시작하기 2시간 전부터 기다리고 있다가 신청했어요.

유　미: 다행이네요. 그 과목은 유학생들에게 인기가 많아서 수강신청하기

힘들어요. 나는 지난 학기에 수강했는데 정말 유익한 수업이었어요.

페루즈: 그 수업에서 대학 생활에 필요한 내용뿐만 아니라 일상 생활에 필요한 내용도

공부할 수 있다고 들었어요. 유학생들 사이에서는 이미 입소문이 났어요.

유　미: 맞아요. 교수님께서 수업 시간마다 다양한 자료를 준비해서 활용하시니까 지

루하지 않아서 좋아요. 또, 설명도 천천히 자세하게 하셔서 이해도 잘 돼요.

페루즈: 이번 학기 이 과목 정말 기대돼요.

수업계획서 천천히 읽어보면서 수업 들을 준비해야겠어요.

1. 페루즈는 이번 학기에 어떻게 수강신청을 했습니까?

2. 유미가 말한 그 과목 교수님의 장점은 무엇입니까?

- -

3. 여러분이 과목 수강에서 가장 중요하게 생각하는 것은 무엇입니까?

유익하다　　　자료를 활용하다　　　지루하다　　　기대되다

문법 1 - 게 되다

✓ 의미
외부의 영향 때문에 변화된 상황이나 결과를 나타낼 때 사용한다.

✓ 형태

동사	받침O/X	- 게 되다	먹다	먹 + - 게 되다 → 먹게 되다
			배우다	배우 + - 게 되다 → 배우게 되다

예 1

◎ 한국 노래와 드라마를 좋아해서 한국어를 배우게 되었습니다.
◎ 처음에는 매운 음식을 잘 못 먹었는데 한국에서 생활하면서 잘 먹게 되었어요.

예 2

가: 이번에 드디어 한국어능력시험 5급에 합격하게 되었어요.
나: 정말 축하해요.

연습

1) 한국 언어문화 동아리에 _____. (가입하다)

2) 다음 학기에 교환학생으로 일본에 _____. (가다)

3) 분실물 센터에 가서 잃어버린 가방을 _____. (찾다)

4) 과제 제출 기간을 잊어버려서 늦게 _____. (제출하다)

5) 학기 중에 팀 활동을 하면서 협력하는 방법을 _____. (알다)

6) 한국에 유학을 와서 다양한 국적의 친구를 많이 _____. (사귀다)

가입하다   제출하다   협력하다

문법 2 - 기로 하다

✓ **의미**

계획하거나 결정함을 나타낼 때 사용한다.

✓ **형태**

동사	받침○/X	- 기로 하다	놀다	놀 + - 기로 하다 → 놀기로 하다
			타다	타 + - 기로 하다 → 타기로 하다

예 1

◎ 약속 시간보다 30분이나 늦어서 택시를 타기로 했습니다.
◎ 기말시험이 끝나고 동아리 친구들과 학교 앞에서 놀기로 했어요.

예 2

가: 이번 발표 자료 중에서 PPT는 누가 만들기로 했어요?
나: 데이브가 PPT를 만들기로 했어요.

연습

1) 내일 학교 서점 앞에서 5시에 _____. (만나다)
2) 이번에는 내가 도서관 스터디룸을 _____. (예약하다)
3) 팀 활동에서 저는 자료 검색과 발표를 _____. (맡다)
4) 본관에 있는 분수대 앞에서 친구에게 책을 _____. (전달하다)
5) '한국 사회와 비즈니스' 과목은 친구와 같이 _____. (수강하다)
6) 새 학기가 시작됐으니까 운동도 하고 규칙적인 _____. (생활을 하다)

자료 검색   분수대   맡다   전달하다

문법 3 - 기 위해서

✓ **의미**

어떤 일을 하는 목적인 의도를 나타낼 때 사용한다 .

✓ **형태**

동사	받침○/X	- 기 위해서	찍다	찍 + - 기 위해서 → 찍기 위해서
			만나다	만나 + - 기 위해서 → 만나기 위해서

예 1

◎ 언어 교환으로 외국인 친구를 만나기 위해서 이 프로그램에 참가했어요 .

◎ 경주에 문화 체험을 가서 SNS에 올릴 멋진 사진을 찍기 위해서 많이 노력했어요.

예 2

가: 자연스럽게 한국어를 발음하기 위해서 어떻게 연습했어요?

나: 드라마나 영화를 보면서 반복해서 따라 했어요.

| 돕다 | 유지하다 | 예매하다 | 만들다 |

1) 가: 왜 도우미 활동을 신청했어요?

　나: 한국어가 서툰 유학생의 학교 생활을 _____ 도우미 신청을 했어요.

2) 가: 우리 산책하면서 커피 마실래요?

　나: 미안해요. 지금 좋아하는 K-POP 그룹의 콘서트 티켓을 _____

　　기다리는 중이에요.

3) 가: 유미 씨는 요즘 건강을 _____ 어떤 운동을 해요?

　나: 저는 요즘 요가도 하고 달리기도 하고 있어요.

4) 가: 발표 PPT를 잘 _____ 어떻게 해야 할까요?

　나: 발표 내용에 맞는 자료를 잘 찾고 한국어를 틀리지 않도록 확인하세요.

서툴다　　반복하다

활동1

■ 다음은 수강신청에 대한 대화입니다. 물음에 답하십시오.

Q. 강의에 대해 확인했나요?

강의 이름만 확인하고 재미있겠다는 생각으로 선택한다면 한 학기 내내 괴로울 수 있다는 점! 강의에 대한 세부적인 내용을 파악하고 선택하는 것이 중요합니다.

페루즈: 데이브, 이번 학기 수강신청 과목은 다 정했어?

데이브: 아니, 아직 고민 중이야.

내일 같은 과 친구하고 만나서 수강 과목을 정하기로 했어.

이제 3학년이 되어서 교양 수업보다는 전공 수업을 더 많이 들어야 해.

그래서 선배님한테도 물어보려고 해. 너는 수강 과목을 다 정한 거야?

페루즈: 나는 수강신청 장바구니에 담을 과목은 미리 정했어.

지난 학기에 과목명만 보고 재미있을 것 같다는 생각으로 신청했다가

좀 괴로웠거든. 그래서 이번 학기에는 미리 선배한테 후기도 듣고 학교

커뮤니티에서 확인도 했어.

데이브: 맞아. 나도 그런 경험이 있어서 내일 친구하고 수강할 과목에 대해

자세하게 알아보려고 해. 수업계획서도 꼼꼼하게 확인할 거야.

페루즈: 그렇지. 수업계획서에 한 학기 수업 운영 방법하고 주별 수업 내용

그리고 과제, 시험이 나와 있으니까 잘 확인하는 것이 중요해.

나도 수강신청 전에 항상 수업계획서를 먼저 확인해.

1 데이브는 내일 왜 친구를 만납니까?

2 수업계획서에서 무엇을 확인할 수 있습니까?

3 위의 내용과 맞지 <u>않는</u> 것을 고르십시오.

① 데이브는 내일 수강 과목을 결정하려고 한다 .
② 페루즈는 수강신청 장바구니에 담을 과목을 결정했다 .
③ 데이브는 이번에 수강할 과목에 대해 선배에게 질문할 것이다 .
④ 페루즈는 항상 수강신청을 한 후에 수업계획서를 확인한다 .

수강 과목을 정하다   장바구니에 담다   괴롭다

활동 2

 다음 수업계획서를 확인해 보십시오.

유학생을 위한 대학 한국어 수업계획서					
과목명 (Subject)	유학생을 위한 대학 한국어	과목번호 (분반)	KGF203 (2분반)	학점	3
담당교수	김사람	수업 시간	화 6,7	강의실	B동 305호
수업 목표	• 대학 생활에 필요한 내용을 이해할 수 있다. • 일상적 한국 생활에 필요한 내용을 이해할 수 있다. • 한국어 듣기, 읽기, 말하기, 쓰기를 통합하여 공부할 수 있다.				
성적평가 방법	구분	출석	중간고사	기말고사	퀴즈	과제 (2회)	발표 (팀 활동)
	비율 (100%)	20%	20%	20%	10%	10%	20%
수업 방법	플립러닝- 온라인(동영상) 시간+오프라인(강의실) 2시간				
교재	유학생을 위한 대학 한국어				

1 이 수업의 성적평가 방법으로 맞지 <u>않는</u> 것을 고르십시오.

① 이번 학기에 시험은 2번 있다.

② 성적평가에 출석은 5분의 1을 차지한다.

③ 과제는 한 학기에 1번만 제출하면 된다.

④ 발표는 개인이 아닌 팀으로 진행한다.

2 위의 내용과 맞지 <u>않는</u> 것을 고르십시오 .

① 이 수업은 3학점을 받을 수 있는 과목이다.

② 이 수업에서는 쓰기 부분은 공부하지 않는다.

③ 이 수업은 동영상으로 1시간, 강의실에서 2시간을 공부한다.

④ 이 수업에서 대학 생활에 도움이 되는 내용을 공부할 수 있다.

> **TIP!**
> ■ 플립러닝이란?
>
> 동영상으로 먼저 공부를 하고 나서 오프라인으로 강의실에서 교수님과 수업을 한다. 동영상에서 공부한 내용을 강의실에서 다시 확인하는 수업이다.

여러분이 수강하는 과목의 수업계획서를 확인해 보고
친구들과 이야기해 보십시오.

수강하는 과목	수업계획서 확인 사항

확인 학습

1 알맞은 것을 골라 연결하십시오.

1) 수업의 전체적인 구성 및 수업 방식 등을 쓴 것 •   • 가) 학사 일정

2) 학교 교육 일정에 대한 계획 •   • 나) 교양 필수

3) 대학에서 학기가 시작하기 전에 자신이
   들을 과목을 정하여 신청하는 것 •   • 다) 수업계획서

4) 대학의 교양 과목 중에서 학생들이 꼭
   이수하도록 정한 과목 •   • 라) 전공 필수

5) 대학의 전공 과목 중에서 학생들이 꼭
   이수하도록 정한 과목 •   • 마) 수강신청

2 <보기>에서 (　　　)에 알맞은 것을 골라 쓰십시오.

> 교양 선택　　　성적평가 방법　　　학습 계획　　　시간표 작성　　　학점 관리

1) 다음 주가 개강이라서 (　　　　　　　　　　)을/를 세우려고 합니다.

2) 이 과목의 (　　　　　　　　　　)은/는 출석, 시험, 퀴즈, 토론, 발표입니다.

3) 이번 학기에 수강하는 '한국 문화의 이해' 수업은 (　　　　　　　) 과목입니다.

4) 유학생 선배에게 (　　　　　　) 잘하는 방법을 물어보고 학점에 신경 쓸 겁니다.

5) 이번 학기는 최대한 공강 시간을 짧게 할 수 있도록 (　　　　　　)을/를 했습니다.

더하기

■ 학습 방법 알아보기

KOCW는 대학 기관에서 무료로 제공하는 수업 자료, 동영상 사이트이다. 로그인 없이도 무료로 들을 수 있다.

K-MOOC는 한국형 온라인 공개 강의다. K-MOOC는 단순한 영상보기가 아닌 교수-학습자 사이에 질의응답, 퀴즈, 과제 피드백 기능을 제공한다.

학생 활동

학습목표

🎈 학교 프로그램 참여에 대해 말할 수 있다.

🎈 언어 교환에 대한 경험을 나눌 수 있다.

생각해 보기

1. 어떤 학교 프로그램에 참여하고 싶어요?

2. 언어 교환 친구를 만나는 프로그램에 참여한 적이 있어요?

어휘 및 표현

비교과 프로그램
경험 확대
학생 자유 참여

심리 상담
학점 상담
진로 탐구
취업 특강

학생
활동

대인관계
문화 교류
대학 생활 적응
한국 문화 적응

사회봉사
문화 체험
동아리 활동
언어 교환

데이브: 유미 씨, 다음 주 금요일 오후에 학교에서 진행하는 봉사활동에
참여하려고 하는데 같이 할래요? 나는 지금 신청서를 쓰는 중이에요.

유　미: 좋아요. 마침 금요일은 공강이라서 봉사활동에 참여할 수 있어요.
이번 활동은 뭐예요?

데이브: 이번에는 바다 쓰레기 줍기 활동으로 환경 보호 운동이에요.
학교 홈페이지에 나와 있는 안내문을 보니까 '비치(beach) 코밍
(combing) 활동'이라고 해요.

유　미: 나는 처음 듣는 단어예요. 혹시 의미가 뭔지 알아요?

데이브: '바닷가'의 비치(beach)하고 '빗질'의 코밍(combing)을 합친 거예요.
바닷가를 빗질하는 것처럼 쓰레기를 줍는다는 의미예요.

유　미: 정말 좋은 활동이에요. 나도 신청서를 빨리 써야겠어요.

1. 데이브와 유미는 어떤 봉사 프로그램에 참여하려고 합니까?
2. '비치(beach) 코밍(combing) 활동'의 의미는 무엇입니까?
- -
3. 여러분은 어떤 봉사활동에 참여했습니까?

 봉사활동　　　쓰레기를 줍다　　　빗질하다　　　합치다

문법 1   덕분에

✓ **의미**

감사한 이유나 좋은 일이 생긴 이유를 나타낼 때 사용한다.

✓ **형태**

명사	받침O/X	덕분에	가족	부모님 + 덕분에 → 부모님 덕분에
			선배	선배 + 덕분에 → 선배 덕분에

예 1

◎ 저는 부모님 덕분에 한국에 유학을 올 수 있었습니다.
◎ 같이 입사한 동료 덕분에 회사 일을 잘할 수 있어요.

예 2

가: 한국 유학 생활은 많이 익숙해졌어요?
나: 네, 처음에는 힘들었는데 룸메이트 덕분에 유학 생활에 빨리 익숙해졌어요.

선배   영상   교수님   상담   응원   정보

1) 합창 동아리를 소개해 준 <u>선배 덕분에</u> 다양한 국적의 친구를 만나게 되었다.

2) 고향에 계시는 부모님의 _____ 유학 생활을 잘할 수 있다.

3) 취업 추천서를 써 주신 학과 _____ 기업에 입사하게 되었다.

4) 다양한 매체의 유익한 _____ 한국어 공부를 재미있게 하고 있다.

5) 학교에서 진행한 심리 _____ 마음의 안정을 찾게 되었다.

6) 내가 올린 한국 문화 소개 _____ 조회수가 많아져서 구독자가 늘어났다.

     입사하다   조회수   추천서   유익하다

문법 2　　　-는 중이다

✓ **의미**

동작의 진행을 나타낼 때 사용한다.

✓ **형태**

동사	받침O/X	- 는 중이다	찾다	찾 + - 는 중이다 → 찾는 중이다
			보다	보 + - 는 중이다 → 보는 중이다

예 1

◎ 지금 약속 장소로 가는 중입니다.
◎ 읽기 책에 모르는 단어가 있어서 사전을 찾는 중이다.

예 2

가: 잠깐 운동장에 가서 농구 좀 하고 올까요?
나: 나는 지금 OTT로 드라마를 보는 중이에요. 드라마 끝나고 가요.

연습

1) 친구가 부탁한 자료를 우즈베크어로 _____. (번역하다)

2) 지금 봉사 프로그램 참여 신청서를 _____. (작성하다)

3) 친구들을 집으로 초대해서 고향 음식을 _____. (만들다)

4) 점심 식사 후에 소화를 시키려고 운동장을 _____. (걷다)

5) 발표 준비를 하기 위해서 한국의 문화유산을 _____. (검색하다)

6) 교수님께서 e-class에 올려 주신 수업 자료를 _____. (다운로드 받다)

 OTT(Over The Top)   소화를 시키다   문화 유산   번역하다

문법 3   -아/어 있다

✓ **의미**

상태, 어떤 행위가 끝난 후 그 상태나 결과가 지속되는 의미를 나타낼 때 사용한다.

✓ **형태**

동사	ㅏ,ㅗ(O)	- 아 있다	앉다	앉 + - 아 있다 → 앉아 있다
	ㅏ,ㅗ(X)	- 어 있다	열리다	열리 + - 어 있다 → 열려 있다

예 1

◎ 왜 기숙사 창문이 열려 있어요?

◎ 저기 분수대 앞에 앉아 있는 학생이 유미예요 .

예 2

가: 학교 홈페이지 공지 사항에 나와 있는 신청 조건을 확인하세요.

나: 네, 알겠습니다.

연습

| 붙다 | 서다 | 모이다 | 비다 | 들다 | 놓이다 |

1) 학생들이 파란색 티셔츠를 입고 <u>모여 있어요</u>.

2) 오늘 도서관에 자리가 많이 _____.

3) 점퍼 안쪽 주머니에 지갑이 _____.

4) 학생 식당 테이블에 신용 카드가 _____.

5) 기숙사 게시판에 대청소 공지가 _____.

6) SNS에서 맛집으로 소문이 난 식당 앞에 사람들이 줄을 _____.

  분수대   주머니   소문

■ 다음은 '글로벌 학습 튜터링'에 참여한 유학생의 후기입니다. 잘 읽고 대답해 보십시오.

안녕하세요. 저는 인도네시아에서 온 수산토입니다. 지금 대학교 1학년이고 전자로봇을 전공하고 있습니다. 저는 이번 학기에 '글로벌 학습 튜터링'에 참여해서 한국 친구에게 많은 도움을 받았습니다.

튜터링은 유학생의 학교생활을 도울 수 있도록 한국 친구와 만나서 1:1 개별 수업을 하는 것입니다. 한국인 친구는 튜터이고 유학생은 튜티가 됩니다. 한국 친구가 한국어와 한국 문화를 가르쳐 주고 대학 생활에 필요한 것도 많이 가르쳐 줍니다. 특히, 과제나 발표 준비를 할 때 모르는 것이 있으면 튜터에게 질문할 수 있어서 좋습니다.

저는 내성적이고 조용한 성격이라서 한국 친구를 사귀는 것이 힘듭니다. 그런데 이번 튜터링 프로그램 덕분에 한국 친구도 사귀고 학교생활에 적응도 잘할 수 있었습니다. 이 프로그램은 저에게 특별한 경험이 되었습니다. 다른 유학생 친구들도 많이 참여해서 유학 생활에 도움을 받으면 좋겠습니다.

개별 수업   내성적이다   적응하다

1️⃣ 튜터링이 무엇입니까?

2️⃣ 수산토는 왜 한국 친구를 사귀는 것이 힘듭니까?

3️⃣ 위의 내용과 맞는 것을 고르십시오.

① 수산토는 유학생 친구에게 한국 문화를 배웁니다.
② 수산토는 학습 튜터링 덕분에 한국 친구를 사귀었습니다.
③ 수산토는 학습 튜터가 되어서 한국어를 가르쳐 주었습니다.
④ 수산토는 과제나 발표 때 유학생 친구에게 도움을 주었습니다.

활동2

 다음은 유학생을 위한 '1박 2일 한옥 체험' 프로그램 안내문입니다. 잘 읽고 *로 표시된 부분을 팀별로 조사해서 발표해 보십시오.

한옥(韓屋)은 한국의 전통 집이다. 한옥은 지역의 기후에 따라 만드는 방법이 다르다. 추운 북쪽은 바람을 막고 보온을 유지하기 위해 방을 두 줄로 배열하고 지붕을 낮게 한다. 반면에 따뜻한 남쪽은 바람이 잘 통하도록 방을 한 줄로 배열하고 지붕을 높게 한다.

일정	내용
1일	전주 한옥마을 숙소 도착
	점심 식사(비빔밥)
	* 한지 만들기 체험
	* 한국의 온돌 문화 특강
2일	* 한복 체험
	점심 식사
	학교로 출발

조사 항목	조사 내용
한지	
온돌	
한복	

여러분의 학교에는 유학생을 위해 어떤 문화 체험 프로그램을 운영하고 있습니까? 자신이 만들고 싶은 문화 체험 프로그램이 있습니까?

유학생을 위한 문화 체험 프로그램	만들고 싶은 문화 체험 프로그램

확인 학습

1 알맞은 것을 골라 연결하십시오.

1) 사회생활에서 인간관계 · · 가) 문화 체험

2) 점수가 나오지 않는 다양한 대학 프로그램 · · 나) 사회봉사

3) 문화를 경험하는 것 · · 다) 비교과 프로그램

4) 사회나 다른 사람에게 무료로 도움을 주는 것 · · 라) 취업 상담

5) 취업하기 위해 상담하는 것 · · 마) 대인관계

2 <보기>에서 ( )에 알맞은 것을 골라 쓰십시오.

경험 확대   취업 특강   언어 교환   심리 상담   학생 자유 참여

1) 비교과 프로그램은 필수가 아니고 ( )입니다.

2) ( ) 프로그램은 한국인과 외국인을 친구로 만들어 줍니다.

3) 지금 취업을 준비하는 중이라서 ( )을/를 신청했습니다.

4) 다양한 비교과 프로그램 참여는 학생들의 ( )에 도움이 됩니다.

5) 다음 주에 학교 상담 센터에서 유학생을 위한 ( )을/를 시작합니다.

더하기

■ 비교과 프로그램 알아보기

글쓰기 프로그램

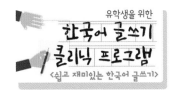

학교에서 글쓰기 클리닉을 운영한다. 글쓰기에 어려움을 느끼는 학생의 글을 글쓰기 클리닉 선생님이 고치는 것을 도와준다.

언어 교환 프로그램

한국인 학생과 외국인 학생이 교류하는 탄뎀 프로그램 참가자를 모집한다. 외국인 유학생과 한국인 학생이 짝을 지어 서로 교류하면서 서로의 언어와 문화를 가르친다.

전통놀이 체험 프로그램

유학생을 대상으로 한 달에 한 번 전통놀이 문화 체험 프로그램을 운영한다. 이번 달에는 윷놀이를 진행한다.

사회봉사 프로그램

학교에서 사회봉사 활동으로 '플로깅'을 진행한다. 천천히 달리면서 쓰레기를 줍는 활동이다.

3과

행사와 대회

학습목표

- 🎈 대회에 참가한 경험을 나눌 수 있다.
- 🎈 학교 행사 공지문과 안내문을 확인할 수 있다.

생각해 보기

1. 어떤 대회에 참가한 적이 있나요?
2. 여러분의 학교에는 어떤 행사나 대회가 열리나요?

어휘 및 표현

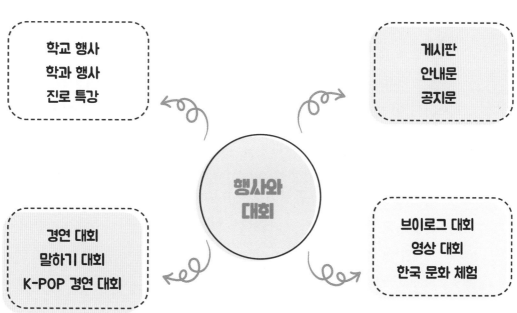

학교 행사
학과 행사
진로 특강

게시판
안내문
공지문

경연 대회
말하기 대회
K-POP 경연 대회

브이로그 대회
영상 대회
한국 문화 체험

행사와
대회

설　　리: 페루즈 씨, 기숙사 1층 게시판에 한국어 말하기 대회 공지문 붙어 있던데 봤어요?

페루즈: 난 아직 못 봤어요. 드디어 말하기 대회가 열리네요.
작년에 신청 기간을 놓쳐 버려서 올해는 꼭 참가하려고 기다리고 있었어요.

설　　리: 나도 이번에 참가하려고 생각 중이에요. 우리 팀으로 참가해 볼래요?
안내문 보니까 국적이 다른 유학생 2명이 팀을 만들어서 참여해도 된다고 해요.

페루즈: 같이 참여하면 정말 좋겠어요. 신청 기간하고 방법을 알고 있어요?

설　　리: 다음 주 금요일까지 신청하면 되고 신청서를 다운로드 받아서 이메일로 보내면 돼요. 그러면, 개별 공지를 한다고 해요.

페루즈: 나도 일단 공지문을 확인해야겠어요.

1. 한국어 말하기 대회 공지문은 어디에서 확인할 수 있습니까?

2. 페루즈는 왜 작년에 한국어 말하기 대회에 참가를 못 했습니까?

----

3. 여러분은 어떤 경연 대회에 참여해 봤습니까?

공지문   놓치다   예선   본선

문법 1   -아/어/여 버리다

✓ **의미**

앞에 나타나는 행동이 이미 끝났음을 나타낼 때 사용한다.

✓ **형태**

동사	ㅏ,ㅗ(○)	- 아 버리다	녹다	녹 + - 아 있다 → 녹아 버리다
	ㅏ,ㅗ(×)	- 어 버리다	먹다	먹 + - 어 버리다 → 먹어 버리다
	하다	- 여 버리다	청소하다	청소하 + - 여 버리다 → 청소해 버리다

예 1

◎ 오늘 날씨가 더워서 그런지 초콜릿이 다 녹아 버렸어요.
◎ 집에 돌아왔는데 동생이 냉장고의 과일을 혼자 먹어 버렸어요.

예 2

가: 드디어 시험이 끝났네. 오늘 뭐 할 거예요?
나: 우선 깨끗하게 방을 청소해 버릴 거예요. 그리고 영화를 보면서 푹 쉴 거예요.

1) 치과에 가서 썩은 이를 _____. (뽑다)

2) 제가 실수로 발표 자료 파일을 _____. (삭제하다)

3) 남자 친구와 주고 받았던 편지를 모두 _____. (찢다)

4) 오늘 드디어 적성에 맞지 않는 회사를 _____. (그만두다)

5) 공모전에 제출할 영상 촬영을 오늘 드디어 _____. (마무리하다)

6) 모르는 전화번호로 계속 연락이 와서 그 번호를 _____. (차단하다)

 녹다   썩다   뽑다   삭제하다   찢다   차단하다

문법 2　　　-(으)므로

✓ **의미**

앞의 상황이 뒤 상황의 원인이나 이유의 나타낼 때 사용한다.

안내문, 신문 기사, 연설문, 발표문 등에 쓰인다.

✓ **형태**

동사/형용사	받침○	- 으므로	먹다	먹 + - 으므로 → 먹으므로
			많다	많 + - 으므로 → 많으므로
	받침X	- 므로	타다	타 + - 므로 → 타므로
			나쁘다	나쁘 + - 므로 → 나쁘므로

예 1

◎ 콘서트가 끝나면 많은 사람들이 한꺼번에 지하철을 타므로 유의하세요.

◎ 요즘 환절기라서 독감 환자가 많으므로 조심하시기 바랍니다.

예 2

가: 스트레스가 쌓이면 건강에 나쁘므로 관리를 잘해야 합니다.

나: 네. 알겠습니다.

까다롭다　　내리다　　다양하다　　몰리다　　내야 하다　　시끄럽다

1) 갑자기 폭우가 _____ 안전에 유의하시기 바랍니다.

2) 그 단골 손님은 입맛이 _____ 각별히 신경을 써야 한다.

3) 밤늦게 음악을 틀면 _____ 조용히 음악을 듣도록 하세요.

4) 공연장에 많은 아이돌의 팬들이 _____ 조심해야 한다.

5) 불법 주차를 하면 과태료를 _____ 주차장에 주차하도록 하세요.

6) 유학생들의 국적이 _____ 서로의 문화를 잘 이해해야 한다.

 환절기　　몰리다　　폭우　　입맛이 까다롭다　　불법 주차　　과태료　　틀다

문법 3   을/를 통해서

✓ **의미**

어떤 것을 중간 매개로 함을 나타낼 때 사용한다.

✓ **형태**

명사	받침○	을 통해서	동영상	동영상 + 을 통해서 → 동영상을 통해서
	받침X	를 통해서	대화	대화 + 를 통해서 → 대화를 통해서

예 1

◎ 나는 SNS의 동영상을 통해서 아이돌을 알게 되었다.
◎ 한국 친구와 대화를 통해서 원만한 관계를 유지하고 있다.

예 2

가: 한국 문화 영상 공모전은 어떻게 알게 되었어요?
나: 사진과 영상 촬영에 관심이 많은 친구를 통해서 알게 되었어요.

1) 가: 설리 씨는 어떻게 배우가 되었어요?

   나: 저는 대학에서 연기를 전공했어요. 그리고 _____ 을/를 통해서

   영화배우가 되었어요.

2) 가: 고객님. 미술관에 입장하시기 전에 앱을 다운로드 받아 주십시오.

   그 _____ 을/를 통해서 그림 설명을 들으실 수 있습니다.

   나: 네, 감사합니다.

3) 가: 이번에 개최된 '한국어 쓰기 대회'에 정말 다양한 국적의 외국인들이 참가했네요.

   나: 그렇죠. 이번에는 다양한 _____ 을/를 통해서 홍보를 진행했어요.

   특히, SNS 홍보가 가장 효과가 좋았어요.

4) 가: 데이브 씨는 모르는 단어나 표현이 있으면 어떻게 해요?

   나: 저는 모르는 것은 _____ 을/를 통해서 확인해요.

   스마트폰에서 바로 사전을 찾을 수 있으니까 편리한 것 같아요.

 연기를 전공하다   홍보   효과가 좋다

활동1

■ 다음은 유학생 대상 영상 공모전 안내문입니다. 잘 읽고 답해 보십시오.

· 공모 주제: 유학 생활의 즐거움
· 참가 대상: 한국 대학에 재학 중인 외국인 유학생
        (개인 또는 팀 참가 가능)
· 참가 방법: 참가 신청서와 동영상 파일 이메
        일 제출(1234567@korea.cd.ur)
· 작품형식: 3분 이상 5분 이내 동영상
        (avi, mp4 파일 제출)
        광고, 다큐멘터리, 브이로그, 애니
        메이션 등 자유형식
· 제출 기간: 202X. 10. 20~ 202X. 10. 30
· 시상내역: 최우수상 1명(팀) 100만원
        우수상 2명(팀) 각 70만원
        장려상 5팀(팀) 각 50만원
        참가상 전원 상품
· 문의처: 0XX)XXX-XXXX

1 영상 공모전에 누가 참가할 수 있습니까?

2 위의 내용과 맞는 것을 고르십시오.

① 공모전에 팀을 이루어 참가할 수 없다.
② 공모전의 주제는 정해지지 않았다.
③ 공모전 1등은 2명(팀)이 받을 수 있다.
④ 공모전 신청서와 동영상을 같이 제출한다.

여러분이 영상을 만든다면 어떤 주제로 하고 싶습니까?
내용은 어떻게 구성하고 싶습니까?

영상 주제	내용 구성

활동2

 다음은 쓰기 대회 안내문입니다.
안내문을 잘 읽고 주제에 맞는 쓰기를 해 보십시오.

· 참가 자격: 한국 국적을 가지지 않은 외국인
· 참가 방법: 현장 신청
· 대회 장소: 부산 OO 종합 운동장
· 대회 날짜 및 시간: 20XX. X. XX.
　　　　　　　오전 10시부터 오후 3시까지

· 주제[주제 중 택 1]
　① 내가 한국어와 한국 문화를 배우는 이유
　② 자신의 나라와 한국의 문화 차이
　③ 소개하고 싶은 한국의 도시

· 시상: 1등 1명 50만원, 시티투어 상품권
　　　2등 3명 30만원, 시티투어 상품권
　　　3등 5명 10만원, 시티투어 상품권

* 참가자 전원 상품 지급

제목:

_____

_____

_____

_____

_____

_____

확인 학습

1 알맞은 것을 골라 연결하십시오.

1) 여러 사람에게 알릴 내용을 붙여 모두 보게 하는 것 ・　　　・ 가) 학과 행사

2) 학과에서 주최하는 행사 　　　　　　　　　　　・　　　・ 나) 게시판

3) 정보를 안내하기 위한 문서 　　　　　　　　　　・　　　・ 다) 취업 특강

4) 취업을 위해 특별히 운영하는 강의 　　　　　　・　　　・ 라) 한국 문화 체험

5) 한국 문화를 경험하는 것 　　　　　　　　　　　・　　　・ 마) 안내문

2 <보기>에서 (　　　)에 알맞은 것을 골라 쓰십시오.

> 공지문　　　　진로 특강　　　　말하기 대회　　　　경연 대회　　　　영상 공모전

1) (　　　　　　　　　　)에서는 말하기의 정확성과 유창성이 중요합니다.

2) 페루즈 씨, 학과 사무실 문 앞에 붙어 있는 (　　　　　　　　　) 확인했어요?

3) 이번 (　　　　　　　)은/는 유학생이 직접 만든 동영상 콘텐츠를 제출한다.

4) 요즘 진로에 대한 고민이 많아서 (　　　　　　　　)에 참석하려고 합니다.

5) 요즘 텔레비전에 노래, 춤, 연기 등을 소재로 다양한 (　　　　　　)이/가 많이 열립니다.

더하기

■ 다양한 행사와 대회 알아보기

**국제 콘텐츠
공모전**

외국인들을 대상으로 한 세계 최대 한류 콘텐츠 공모전이다. K-뮤직, K-푸드, K-뷰티, K-패션, K-컬처에서 영상, 그림, 웹툰, 사진, 수필 형태의 작품을 공모한다.

**외국인 한식 요리
경연 대회**

외국인이 한식 요리 만들기에 도전하는 경연 대회다. 한식 만들기를 좋아하는 외국인이면 누구나 참가가 가능하다.

**한국어 공부
브이로그(VLOG)
대회**

자신의 한국어 공부 모습을 촬영하고 공유하는 대회이다. 자신이 공부한 것을 확인할 수 있고 다른 사람의 공부 브이로그로 자극을 받을 수 있다.

**한국 문화 숏뮤비
챌린지 대회**

다양한 한국 문화 중 소개하고 싶은 주제를 정해 나만의 숏뮤비를 만들어 챌린지에 도전하는 대회이다. 숏뮤비 영상은 30초 이내로 제작해야 한다.

4과

생활 습관

학습목표

- 🎈 자신의 생활 습관에 대해 설명할 수 있다.

- 🎈 다른 사람에게 좋은 생활 습관을 추천할 수 있다.

생각해 보기

1. 어떤 생활 습관을 가지고 있어요?

2. 다른 사람에게 추천해 줄 좋은
   생활 습관에는 어떤 것들이 있어요?

어휘 및 표현

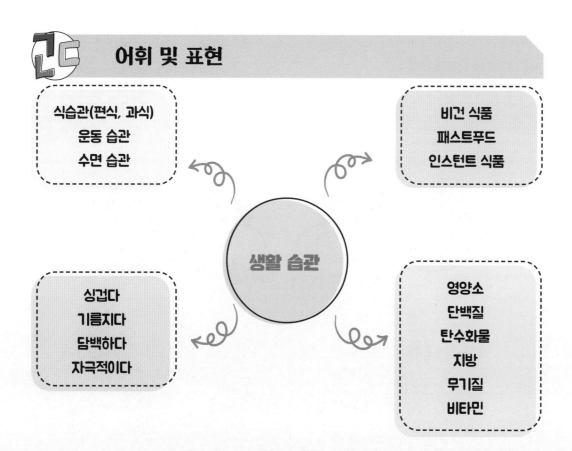

식습관(편식, 과식)
운동 습관
수면 습관

비건 식품
패스트푸드
인스턴트 식품

생활 습관

싱겁다
기름지다
담백하다
자극적이다

영양소
단백질
탄수화물
지방
무기질
비타민

듣고 말하기

디아나: 페루즈 씨. 얼굴이 안 좋아 보여요. 어디 아파요?

페루즈: 어젯밤에 잠을 못 자서 그런지 눈도 아프고 피곤해요.
　　　　새벽까지 동영상을 보는 습관이 있거든요.

디아나: 그렇군요. 페루즈 씨는 자주 새벽까지 동영상을 봐요?
　　　　그렇게 하면 건강에 안 좋아요.

페루즈: 그래서 그런지 요즘은 눈도 아프고 밥맛도 없어요.

디아나: 건강을 위해서 좋은 생활 습관을 가져야 해요.
　　　　수면 습관과 식습관, 운동 습관에 신경 써야 해요.

페루즈: 디아나 씨는 건강해 보여요.
　　　　디아나 씨는 어떤 생활 습관을 가지고 있어요?

디아나: 저는 밤에 일찍 자고 아침에 일찍 일어나는 편이에요.
　　　　그리고 매일 운동을 하고 정해진 시간에 밥을 먹어요.
　　　　음식도 골고루 먹는 편이고요.

페루즈: 디아나 씨가 건강한 이유는 좋은 생활 습관을 가졌기 때문이군요.
　　　　저도 새벽까지 동영상 보는 습관을 고쳐야겠어요.
　　　　운동도 하고 편식하는 식사 습관도 바꿔야겠어요.

1. 페루즈가 고쳐야 할 생활 습관은 무엇입니까?

2. 디아나가 건강한 이유는 무엇입니까?

- -

3. 여러분이 고쳐야 할 생활 습관에는 어떤 것이 있습니까?

 얼굴이 안 좋아 보이다   밥맛이 없다   신경 쓰다   골고루

문법 1   -자마자

✓ **의미**

앞의 사건이나 상황이 일어나고 곧바로 뒤의 사건이나 상황이 일어날 때 사용한다.

✓ **형태**

동사	받침○/X	- 자마자	읽다	읽 + - 자마자 → 읽자마자
			일어나다	일어나 + - 자마자 → 일어나자마자

예 1

◎ 책을 읽자마자 잠이 쏟아졌다.
◎ 아침에 일어나자마자 물을 마신다.

예 2

가: 설리 씨는 집에 없나요?
나: 네, 집에 오자마자 옷을 갈아입고 나갔어요.

연습

1) _____ 해가 빛나요. (비가 그치다)

2) _____ 라면을 넣어야 해요. (물이 끓다)

3) 초콜릿이 _____ 살살 녹아요. (입 안에 들어가다)

4) 전공 공부를 열심히 해서 _____ 취업했어요. (대학을 졸업하다)

5) 그 상품은 인기가 많아서 _____ 다 팔렸어요. (진열대에 내놓다)

6) _____ 주변에 사람들이 모여들었어요. (영화배우가 자리에 앉다)

잠이 쏟아지다   살살 녹다   진열대에 내놓다

문법 2   -아/어/여서 그런지

✓ **의미**

앞의 상황이 원인이 되어 뒤의 상황이 발생함을 추측할 때 사용한다.

✓ **형태**

동사/ 형용사	ㅏ,ㅗ(○)	- 아서 그런지	맑다	맑 + - 아서 그런지 → 맑아서 그런지
			오다	오 + - 아서 그런지 → 와서 그런지
	ㅏ,ㅗ(X)	- 어서 그런지	먹다	먹 + - 어서 그런지 → 먹어서 그런지
			슬프다	슬프 + - 어서 그런지 → 슬퍼서 그런지
	하다	- 여서 그런지	사랑하다	사랑하 + - 여서 그런지 → 사랑해서 그런지

예 1

◎ 하늘이 맑아서 그런지 기분이 좋아졌어요.
◎ 강아지를 많이 사랑해서 그런지 항상 데리고 다녀요.

예 2

가: 같이 점심 먹을래요?
나: 저는 아침을 늦게 먹어서 그런지 아직 배가 안 고파요.

연습

커피를 많이 마시다　　음식이 입에 맞다　　매일 운동을 하다　　급하게 밥을 먹다

---

1) 가: 왜 소화제를 먹어요?

　　나: _____ 체한 것 같아요.

2) 가: 페루즈 씨, 요즘 한국 음식점에 자주 가네요.

　　나: _____ 한국 음식점에 자주 가게 돼요.

3) 가: 왜 잠을 안 자요?

　　나: _____ 잠이 안 와요.

4) 가: 유미 씨, 요즘 건강해 보이네요.

　　나: _____ 건강해진 거 같아요.

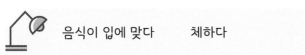

음식이 입에 맞다　　체하다

문법 3 -(으)ㄴ/는 편이다

✓ **의미**

대체로 보아서 어느 쪽에 속한다는 것을 나타낸다.

✓ **형태**

동사	받침〇/X	- 는 편이다	읽다	읽 + - 는 편이다 → **읽는 편이다**
			자다	자 + - 는 편이다 → **자는 편이다**
형용사	받침〇	- 은 편이다	짧다	짧 + - 은 편이다 → **짧은 편이다**
	받침X	- ㄴ 편이다	빠르다	빠르 + - ㄴ 편이다 → **빠른 편이다**

예 1

◎ 페루즈 씨는 머리가 짧은 편이에요.
◎ 데이브 씨는 소설을 많이 읽는 편이에요.

예 2

가: 디아나 씨는 운동을 좋아하세요?
나: 네, 좋아하는 편이에요. 일주일에 세 번 정도는 운동을 해요.

1) 가: 커피를 자주 마셔요?

　　나: _____ .

2) 가: 식사를 규칙적으로 하세요?

　　나: _____ .

3) 가: 유미 씨는 주말에 주로 도서관에서 공부해요?

　　나: _____ .

4) 가: 노트북이 좋아 보여요. 이 노트북은 가격이 비싸요?

　　나: _____ .

 일주일에 세 번 정도　　식사를 규칙적으로 하다

활동1

■ 다음을 읽고 물음에 답하십시오.

　　복잡한 세상을 사는 현대인들은 바쁘게 생활합니다. 바빠서 그런지 현대인들은 (㉠) 식습관을 가진 경우가 많은 편입니다. 식사를 규칙적으로 못 하거나 한번 먹을 때 과식하는 경우가 많습니다. 또 패스트푸드나 인스턴트 식품으로 식사를 해결하는 경우도 많습니다. (㉡) 식습관은 영양소 부족이나 과식으로 병을 일으키기도 합니다. 패스트푸드나 인스턴트 식품은 다른 영양소는 적고 지방이 많은 편이어서 영양 불균형과 비만을 불러오기도 합니다. 건강을 위해서는 세 끼 식사를 규칙적으로 하고 영양소가 골고루 들어있는 음식을 먹는 것이 좋습니다.

1 ㉠과 ㉡에 공통적으로 들어갈 알맞은 단어를 쓰십시오.

2 위의 내용과 맞지 <u>않는</u> 것을 고르십시오.

① 인스턴트 식품은 건강에 안 좋다.
② 현대인들은 과식하는 경우가 많다.
③ 식사를 규칙적으로 못하면 병에 걸리기도 한다.
④ 패스트푸드 때문에 식사를 규칙적으로 못한다.

다음은 건강한 식습관을 확인하는 질문입니다.
자신의 식습관을 점검해 보세요.

건강한 식습관 점검표	
① 하루에 식사를 몇 번 하십니까?	번
② 아침은 매일 먹습니까?	네 아니오
③ 매일 일정한 시간에 식사합니까?	네 아니오
④ 과식을 자주 합니까?	네 아니오
⑤ 인스턴트 식품을 자주 먹습니까?	네 아니오
⑥ 야채나 과일을 자주 먹습니까?	네 아니오
⑦ 음식을 짜게 먹습니까?	네 아니오

 불규칙한 식습관   영양 불균형   비만

다음은 K-푸드에 관한 글입니다. 이 글을 읽고 다음 물음에 답해 보십시오.

　최근 몇 년 동안 한국 음식은 세계적으로 가치를 인정받고 있다. K-POP, 영화, 드라마 등 한국 콘텐츠가 세계적으로 유행하면서 K-푸드에 대한 외국인의 관심이 증가했다. K-푸드는 한식 문화는 물론 한국 기업들이 만든 식품까지도 포함한다. 조사 결과에 따르면, 해외에서 K-푸드는 '풍미가 있는', '채소 중심의 건강식', '가격이 합리적인', '최근에 유행하는 음식'이라는 긍정적인 이미지를 가지고 있는 것으로 나타났다. 외국인들에게 가장 인기 있는 한식 메뉴는 한국식 치킨으로 나타났다. 이어 김치와 비빔밥, 떡볶이, 김밥이 순위에 올랐다. 다만 외국인들은 대다수가 자기 나라의 입맛에 맞도록 만들어진 한식을 더 좋아하는 것으로 나타났다.

1️⃣ K-푸드에는 어떤 것들이 있습니까?

2️⃣ 보기에서 내용과 <u>다른</u> 것을 고르십시오.

① 최근 한국 음식은 세계적으로 가치를 인정받고 있다.
② K-푸드는 '건강식'이라는 긍정적인 이미지를 가지고 있다.
③ 한국 콘텐츠가 유행하면서 K-푸드에 대한 관심이 높아졌다.
④ 외국인들은 한국인 입맛에 맞도록 만들어진 한식을 더 좋아한다.

 한국에 유학 와서 식습관에 변화가 있었습니까? 변화가 있었다면 어떤 변화가 있었는지 팀별로 조사해서 말해 보십시오.

1️⃣ 유학 오기 전 식습관

2️⃣ 유학 와서 변화된 식습관

3️⃣ 식습관 변화의 좋은 점 또는 고쳐야 할 점

좋은 점	고쳐야 할 점

확인 학습

1️⃣ 다음은 5대 영양소입니다. 그림을 보고 다음 문장을 완성하십시오.

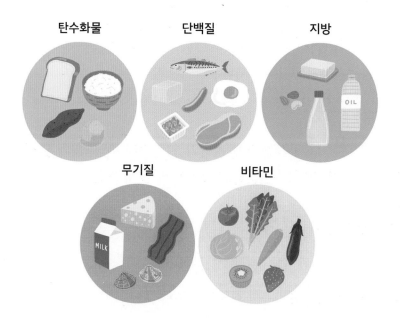

1) 과일, 야채에는 ＿＿＿＿＿＿＿＿＿ 이 많아요.

2) 육류, 생선, 달걀에는 ＿＿＿＿＿＿＿＿ 이 많아요.

3) 버터, 기름, 땅콩에는 ＿＿＿＿＿＿＿＿ 이 많아요.

4) 밥, 빵, 감자, 고구마에는 ＿＿＿＿＿＿＿＿ 이 많아요.

5) 우유, 미역, 치즈에는 ＿＿＿＿＿＿＿＿ 이 많아요.

2 <보기>에서 (   )에 알맞은 것을 골라 쓰십시오.

> 과식하다   자극적인 음식   기름진 음식   운동 습관   담백하다

1) 저녁에 친구들과 모임이 많아요.

다양한 음식들을 시켜서 먹다 보면 (   ) 돼요.

2) (   )을 기르기 위해서는 매일 꾸준히 운동을 해야 해요.

3) 햄버거, 도넛 같은 (   )은 건강에 안 좋아요.

4) 맵고 짠 음식을 좋아해서 자주 먹었더니 어제부터 속이 쓰려요.

(   )을 줄여야겠어요.

5) 이 음식은 기름을 적게 사용하고 채소를 많이 사용해요.

맛이 (   ) 그런지 사람들이 좋아해요.

  육류   자극적인 음식   습관을 기르다   속이 쓰리다

더하기

■ 비건 식품 알아보기

비건(Vegan)이란?

비건은 동물성 식품을 제한하고 과일이나 채소, 곡물 등의 식물성 식품을 선호하는 생활양식을 말한다.

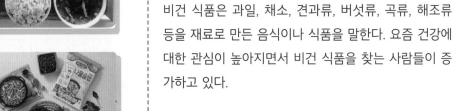

비건 식품

비건 식품은 과일, 채소, 견과류, 버섯류, 곡류, 해조류 등을 재료로 만든 음식이나 식품을 말한다. 요즘 건강에 대한 관심이 높아지면서 비건 식품을 찾는 사람들이 증가하고 있다.

유학 생활

학습목표

🎈 유학 생활의 어려움에 대해 설명할 수 있다.

🎈 성공적인 유학 생활에 필요한 것을 추천할 수 있다.

생각해 보기

1. 유학 생활에서 어려운 점이 뭐예요?

2. 성공적인 유학 생활을 하려면 어떻게 해야 할까요?

어휘 및 표현

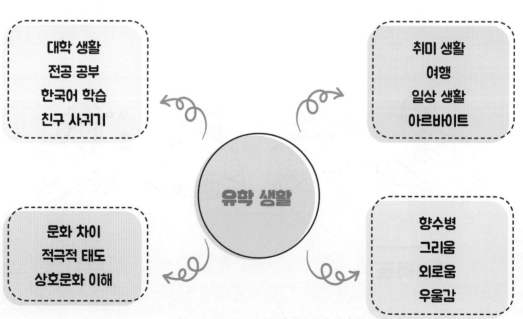

대학 생활
전공 공부
한국어 학습
친구 사귀기

취미 생활
여행
일상 생활
아르바이트

유학 생활

문화 차이
적극적 태도
상호문화 이해

향수병
그리움
외로움
우울감

듣고 말하기

사회자: 안녕하세요, 여러분! 오늘은 설리 씨와 함께 성공적인 유학 생활에 대해 이야기해 볼 거예요. 설리 씨는 이번 <나의 유학 생활 글쓰기 대회>에서 대상을 탔다고 해요. 안녕하세요? 설리 씨. 설리 씨는 어떻게 한국에 유학을 오게 되었어요?

설 리: 저는 중학교 때부터 음악과 드라마를 통해 한국 문화에 매력을 느꼈어요. 그래서 한국으로 유학 가고 싶다는 생각을 하게 되었어요. 혼자 한국어 공부를 하고 고등학교를 졸업하자마자 한국으로 유학 오게 되었어요.

사회자: 유학 생활은 어땠어요?

설 리: 처음에는 쉽지 않았어요. 한국어 공부를 열심히 하기는 했지만 예상보다 제 한국어가 유창하지 않았어요. 그래서 전공 공부를 하기가 어려웠고 한국인 친구들과 친해지기도 쉽지 않았어요. 그렇게 힘들어하고 있었을 때 한국인 친구가 도움을 주었어요. 그 친구와 공부를 같이 하고 취미 생활도 같이 했어요. 성적도 올랐고 한국어도 유창해졌어요.

사회자: 설리 씨, 그렇다면 성공적인 유학 생활을 위해서는 어떤 마음가짐이 필요할까요?

설　리: 긍정적인 마음가짐이 필요해요. 한국에서의 유학 생활이 소중한 경험이라고 생각하면 성공적인 유학 생활을 할 수 있을 거예요.

1. 설리가 유학 생활에서 어려움을 겪은 이유는 무엇입니까?

2. 설리는 성공적인 유학 생활을 위해 어떤 마음가짐이 필요하다고 했습니까?

----

3. 여러분은 성공적인 유학 생활을 위해 무엇이 필요하다고 생각합니까?

 예상　　유창하다　　마음가짐　　긍정적

문법 1   -ㄴ/는다고 하다

✓ 의미

다른 사람이 한 말을 다시 전달할 때 사용한다.

✓ 형태

동사	받침○	- 는다고 하다	먹다	먹 + - 는다고 하다 → 먹는다고 해요
	받침X	- ㄴ다고 하다	기다리다	기다리 + -ㄴ다고 하다 → 기다린다고 해요
형용사	받침○/X	- 다고 하다	어렵다	어렵 + - 다고 하다 → 어렵다고 해요
			아프다	아프 + - 다고 하다 → 아프다고 해요
명사	받침○	- 이라고 하다	한국학	한국학 + - 이라고 하다 → 한국학이라고 해요
	받침X	- 라고 하다	교재	교재 + - 라고 하다 → 교재라고 해요

예 1

◎ 유미 씨는 저녁에 친구와 밥을 먹는다고 해요.
◎ 페루즈 씨가 많이 아프다고 해요.

예 2

가: 학과 MT 갈 때 어떤 차를 타고 가요?
나: 고속버스를 타고 간다고 해요.

1) 페루즈 씨는 명절에 고향에 계신 부모님이 더 _____.(보고 싶다)

2) 내일은 설리 씨가 한국에서 처음 맞는 _____.(생일이다)

3) 유미 씨는 한국어가 유창하지 못해 전공 과목 _____.(공부가 힘들다)

4) 중간고사가 끝난 다음 날부터 학교 축제가 _____.(시작된다)

5) 디아나 씨는 한국 사람들과 대화하기 위해 _____.(아르바이트를 구하다)

6) 설리 씨는 팀 과제가 많아서 도서관에서 친구들과 함께 _____.(팀 모임을 하다)

 다음 날   아르바이트를 구하다   팀 모임

문법 2   -기는 하지만

✓ 의미

앞 절의 내용을 가정하거나 인정하지만 뒤의 내용과는 관계가 없거나
영향을 끼치지 않음을 나타낼 때 사용한다.

✓ 형태

동사 / 형용사	받침 O/X	- 기는 하지만	입다	입 + - 기는 하지만 → 입기는 하지만
			마시다	마시 + - 기는 하지만 → 마시기는 하지만
			맛있다	맛있 + - 기는 하지만 → 맛있기는 하지만
			예쁘다	예쁘 + - 기는 하지만 → 예쁘기는 하지만

예 1

◎ 김치가 맛있기는 하지만 좀 매운 편이에요.
◎ 탄산음료를 자주 마시기는 하지만 건강에는 안 좋아요.

예 2

가: 설리 씨, 고향에 가고 싶지 않아요?
나: 고향에 가고 싶기는 하지만 바빠서 갈 수가 없어요.

연습

고향이 그립다	전공 공부가 어렵다	아르바이트를 하고 싶다
한국 드라마를 자주 보다	한국을 좋아하다	여행을 가고 싶다

1) _____ 같이 갈 친구가 없어서 못 가요.

2) _____ 한국어 대사를 알아듣기 어려워요.

3) _____ 공부할 시간이 부족해서 못 하겠어요.

4) _____ 한국 문화에 적응하는 게 쉽지 않아요.

5) _____ 유학 생활이 재미있어서 참을 수 있어요.

6) _____ 열심히 하면 좋은 성적을 받을 수 있어요.

 탄산음료   대사   알아듣다   적응

문법 3   -았/었/였을 때

✔ **의미**

선행 동작이나 상태가 완료된 시점에 후행 동작이나 상태가 이루어짐을
나타낼 때 사용한다.

✔ **형태**

동사 / 형용사	ㅏ,ㅗ (○)	- 았을 때	앉다	앉 + - 았을 때 → 앉았을 때
			밝다	밝 + - 았을 때 → 밝았을 때
	ㅏ,ㅗ (×)	- 었을 때	불다	불 + - 었을 때 → 불었을 때
			힘들다	힘들 + - 었을 때 → 힘들었을 때
	하다	- 였을 때	사랑하다	사랑하 + -였을 때 → 사랑했을 때

예 1

◎ 의자에 앉았을 때 선생님께서 강의실로 들어오셨다.
◎ 한국에 와서 적응하기 힘들었을 때 친구가 많이 도와주었어요.

예 2

가: 유학 와서 언제 가장 힘들었어요?
나: 처음 한국어로 전공 강의를 들었을 때가 가장 힘들었어요.

연습

1) 가: 유학 와서 가장 기뻤던 때가 언제예요?

　　나: _____. (처음 장학금을 받다)

2) 가: 페루즈 씨, 아까 왜 전화를 안 받았어요?

　　나: 설리 씨가 _____ 자고 있었어요. (전화하다)

3) 가: 이 가방은 언제 샀어요?

　　나: _____ 샀어요. (지난주 백화점에 가다)

4) 가: 언제 어머니가 제일 보고 싶었어요?

　　나: _____ 어머니가 제일 보고 싶었어요. (아프다)

전공 강의　　　지난주　　　백화점

활동1

■ 다음은 성공적인 유학 생활을 위해 준비해야 할 것들입니다.
잘 읽고 내용이 맞으면 O, 틀리면 X 하십시오.

성공적인 유학 생활을 위해서 무엇을 준비해야 할까요?

첫째, 유학을 떠나기 전에 반드시 목표를 세워야 해요. 무엇을 위해 유학을 떠나는지를 분명히 알아야 유학 생활을 알차게 보낼 수 있어요.

둘째, 유학을 가는 나라의 언어와 문화를 최대한 알고 가야 해요. 언어는 그 나라 사람들과 교류하는 데 도움이 되고, 수업을 듣기 위해서도 필요해요. 또 그 나라의 기후나 역사, 음식에 대해서도 알아보고 가는 게 좋아요.

셋째, 새로운 것을 적극적으로 받아들이는 태도를 가져야 해요. 다른 나라에 가서도 "우리나라에서는 이렇게 안 하는데…"라고 생각하면 안 돼요. 그 나라 사람들의 생각과 문화를 받아들이는 마음을 가져야 해요.

넷째, 향수병에 걸리지 않도록 준비해야 해요. 가족에 대한 그리움과 외로움 때문에 우울감을 느끼지 않도록, 가족들과 자주 연락하고 자신의 생활을 이야기하는 게 좋아요. 하지만 새로운 친구들을 사귀고 새로운 환경에 적응하려는 노력도 필요해요.

1) 성공적인 유학 생활을 위해서는 그 나라의 언어와 문화를 그곳에 도착해서 배우는 것이 좋다. (   )

2) 성공적인 유학 생활을 위해서는 그 나라 사람들의 생각과 문화를 받아들이는 것이 좋다. (   )

3) 성공적인 유학 생활을 위해서는 자신의 목표를 실현하기 위해 고향의 가족들과 연락하지 않는 것이 좋다. (   )

■ 성공적인 유학 생활을 위해 무엇이 필요합니까?
  조언할 내용을 만들어 발표해 보십시오.

조언할 주제	조언할 내용
1) 한국어 공부	
2) 전공 공부	
3) 한국 친구 사귀기	
4) 학교 생활	
5) 향수병	

 알차다   교류하다

활동2

 다음은 유학생의 한국 생활에 대한 글입니다. 잘 읽고 답해 보십시오.

처음 한국에 왔을 때 한국의 언어나 문화, 습관 등 많은 것들이 낯설었다. 그래서 앞으로의 한국 생활이 두렵기도 했다. 일단 한국어가 유창하지 못해서 한국 사람을 만나는 것이 두려웠다. 한국 사람과 만나면 항상 한국어로 듣고 말해야 했기 때문이다. 두려움을 극복하기 위해 나는 적극적으로 한국 사람들과 어울리고 한국어로 이야기하려고 노력했다. 이제는 친구들과 한국어로 농담도 주고받을 정도로 한국어 실력이 향상되었다.

한국 생활에서 적응하기 어려웠던 또 다른 이유는 입에 맞지 않는 음식들이었다. 한국에 오기 전에 미리 한국 음식들을 먹어 보기는 했지만 매운 음식은 여전히 먹기가 힘들었다. 그러나 한국 음식이 입에 맞지 않는다고 해서 피하지는 않았다. 그래서 지금은 한국 사람들처럼 매운 음식도 즐길 줄 알게 되었다. 이런 노력 때문에 한국 생활에 빨리 익숙해질 수 있었던 것 같다.

1 한국 사람을 만나는 것이 두려웠던 이유는 무엇입니까?
이를 극복하기 위해서 어떻게 했습니까?

2 입에 맞지 않는 한국 음식에 적응하기 위해 어떻게 했습니까?

한국 생활 중 어려웠던 점은 무엇입니까? 그것을 극복한 방법은 무엇입니까? 팀 별로 조사해서 말해 보십시오.

한국 생활을 하면서 어려웠던 점	극복 방법
1)	
2)	
3)	

 즐기다

확인 학습

1 알맞은 것을 골라 연결하십시오.

1) 어떤 일이나 상황을 대하는 자세   •   • 가) 향수병

2) 생각이나 문화 등을 서로 소통하는 것   •   • 나) 취미 생활

3) 고향을 그리워하여 마음이 아픈 것   •   • 다) 교류하다

4) 전문적이 아니라 일상 생활에서
   즐기기 위하여 하는 일   •   • 라) 태도

5) 서로의 문화를 이해하는 것   •   • 마) 상호문화이해

2 <보기>에서 ( )에 알맞은 것을 골라 쓰십시오.

그리움	외로움	적극적	우울감	문화 차이

1) 힘들 때 이야기할 친한 친구가 없어서 혼자라는 ( )을 느껴요.

2) 학과 대표가 되기 위해 ( )으로 선거 운동을 했어요.

3) 유학 생활에 성공하려면 음식, 전통 같은 ( )를 이해해야 해요.

4) 한국 생활에 적응하기도 어렵고 이번 시험도 잘 못 쳤어요.

   그래서 ( )이 들어요.

5) 3년 동안 어머니를 만나지 못했어요.

   시간이 지날수록 어머니에 대한 ( )이 커져요.

더하기

■ 유학 생활을 돕는 사이트 알아보기

한국유학종합시스템(스터디인코리아)

Study in Korea

한국 유학 생활에 필요한 다양한 정보를 제공하는 사이트이다. K스터디, K장학금, K라이프, K취업, K박람회에 관한 정보들이 있다.

- K스터디: 유학 신청부터 입국, 유학 생활, 한국어 학습, 다양한 생활정보까지 유학 필수 정보들을 알려준다.

- K장학금: 유학생을 위한 대학, 정부, 기관 등 다양한 장학금 정보를 알려준다.

- K라이프: 한국에서의 유학 생활에 필요한 다양한 정보를 재한 유학생회 또는 서포터즈 커뮤니티를 통해 알려준다.

- K취업: 한국 기업 또는 대학에서 제공하는 취업정보와 직업정보를 알려준다.

- K박람회: 다양한 유학정보 박람회 정보를 알려준다.

- 주소: https://www.studyinkorea.go.kr/ko/main.do

특별한 날

학습목표

🎈 한국의 특별한 날에 대해 알 수 있다.

🎈 세종대왕과 한글날에 대한 글을 읽고 이해할 수 있다.

생각해 보기

10월 09일
한·글·날

1. 한국의 특별한 날은 무엇이 있나요?

2. 한글날에 대해 알고 있어요?

어휘 및 표현

한글날
어린이날
어버이날

명절
한가위
햇과일
설날
떡국

특별한 날

세종대왕
훈민정음
백성
한글의 우수성

소원을 빌다
송편을 만들다
차례를 지내다

듣고 말하기

디아나: 데이브 씨, 며칠 있으면 추석인데 한국에서 처음 맞이하는
느낌이 어때요?

데이브: 설레고 좋아요. 무엇보다 며칠간 휴일이잖아요.
그런데 추석의 의미를 알아요?

디아나: 추석은 가을 저녁이라는 뜻이에요.
달이 밝은 가을 밤 명절이라고 하는데 한가위라고도 해요.
한가위는 '크다'라는 말과 '가운데' 말이 합쳐진 한글이래요.

데이브: 추석도 좋지만 한가위라는 말이 더 한국적인 것 같아요.
한국사람들은 추석에 뭐해요?

디아나: 한국사람들은 추석에 고향에 모여 햅쌀로 밥을 짓고, 송편을 만들
어서 차례를 지내는 전통이 있어요. 그래서 해마다 추석이면 고향에
돌아가는 사람들이 많아서 기차표가 매진되기도 해요.

데이브: 그렇군요. 추석에 여행가기로 했는데 빨리 기차를 예매해야겠어요.

1. 추석의 의미는 무엇입니까?

2. 한국사람들은 추석에 무엇을 합니까?

----

3. 여러분은 명절 연휴에 무엇을 하고 싶습니까?

 합치다   햅쌀

문법 1   -아/어/여도

✔ **의미**

앞 내용이 뒤 내용과 아무런 관계가 없음을 나타낼 때 사용한다.

✔ **형태**

동사 / 형용사	ㅏ,ㅗ(〇)	- 아도	가다	가 + - 아도 → 가도
			바쁘다	바쁘 + - 아도 → 바빠도
	ㅏ,ㅗ(✕)	- 어도	먹다	먹 + - 어도 → 먹어도
			힘들다	힘들 + - 어도 → 힘들어도
	하다	- 여도	운동하다	운동하 + - 여도 → 운동해도

예 1

◎ 그 식당은 몇 번을 가도 찾기가 힘들어요.

◎ 데이브 씨는 많이 먹어도 살이 찌지 않아요.

예 2

가: 내일 제가 이사하는데 도와줄 수 있어요?

나: 그럼요. 아무리 바빠도 꼭 갈게요.

연습

먹다　　화를 내다　　작다　　얇다　　떨어지다　　힘들다

1) 아무리 _____ 팀에서 맡은 일은 해야 해요.

2) 페루즈 씨, 시험에 _____ 속상해 하지 마세요.

3) 유미 씨가 키는 _____ 힘이 얼마나 센지 몰라요.

4) 데이브 씨, 설리 씨가 _____ 싸우지 말고 참으세요.

5) 어제 산 이 유리컵은 두께가 _____ 잘 깨지지 않아요.

6) 요즘 살이 찌려나 봐요. 아무리 밥을 많이 _____ 배가 부르지 않아요.

　두께

문법 2 　　밖에

✓ **의미**

생각보다 적거나 부족함을 나타낼 때 사용한다.

✓ **형태**

명사	받침○/X	밖에	시간	시간 + 밖에 → 시간밖에
			공부	공부 + 밖에 → 공부밖에

예 1

◎ 고등학생 때는 하루에 5시간밖에 안 잤어요.
◎ 제 친구는 공부밖에 모르는 학생이었어요.

TIP! '밖에' 뒤에는 부정이 온다.
사랑밖에 모른다.

예 2

가: 펜 좀 빌려 주세요.
나: 미안해요. 펜이 한 개밖에 없어요.

연습

부모님	물	일주일	길	현금	청바지

1) 시내로 가는 길은 이 _____ 밖에 몰라요.

2) 중간 시험이 _____ 밖에 안 남아서 걱정돼요.

3) 결혼식에 가야 하는데 입을 것이 _____ 밖에 없네요.

4) 내가 힘들 때 나를 이해해주는 사람은 우리 _____ 밖에 없어요.

5) 이 가게는 카드만 결제되는데 저는 _____ 밖에 없어요. 어쩌지요?

6) 지금 냉장고에 먹을 게 _____ 밖에 없어서 마트에 음식을 사러 갈까 해요.

문법 3   -ㄴ/는다면서(요)?

✓ 의미
다른 사람에게 들은 사실을 확인하며 물음을 나타낼 때 사용한다.

✓ 형태

동사	받침○	- 는다면서	읽다	읽 + -는다면서 → 읽는다면서요?
	받침X	- ㄴ다면서	가다	가 + -ㄴ다면서 → 간다면서요?
형용사	받침 ○/X	- 다면서	싸다	싸 + -다면서 → 싸다면서요?
명사	받침○	- 이라면서	사람	사람 + -이라면서 → 사람이라면서요?
	받침X	- 라면서	배	배 + -라면서 → 배라면서요?

예 1

◎ 부산 남포동은 물건 값이 다른 곳보다 싸다면서요?
◎ 수산토 씨는 평소에 책을 많을 읽는다면서요? 어떤 책을 좋아해요?

예 2

가: 디아나 씨한테 들었는데 이번 방학 때 고향에 간다면서요?
나: 네. 친구가 결혼을 해서 결혼식에 다녀오려고요.

아르바이트를 하다   축제를 하다   팀   멀다

1) 가: 이번 주말에 부산 해운대에서 _____?

　　나: 맞아요. 가수들이 많이 와요. 저도 친구랑 가기로 했어요.

2) 가: 유미 씨, _____? 어디에서 해요?

　　나: 학교 앞 커피숍에서 해요. 수업이 많아서 주말에만 하고 있어요.

3) 가: 수산토 씨, 학교에서 집이 _____? 학교 근처로 이사오는 게 어때요?

　　나: 그렇지 않아도 생각 중이에요.

4) 가: 페루즈 씨, 디아나 씨와 같은 _____?

　　나: 맞아요. 데이브 씨도 함께 할래요? 한 사람이 부족해요.

■ 다음을 읽고 물음에 답하십시오.

한글날을 알아요?

　한글날은 한글을 창제한 것을 기념하고, 한글의 우수성을 알리기 위한 국경일이다. 1946년부터 한글날을 공휴일로 정해서 기념행사를 열었다.

　'훈민정음'은 한글의 옛날 이름인데 '백성을 가르치는 바른 소리'라는 뜻으로 세종대왕이 백성을 사랑하는 마음으로 만들었다. 훈민정음이 만들어지기 전까지 한국은 중국의 한자를 사용했는데 일반 백성들은 한자를 배우기가 어려워 글을 모르는 사람이 많았다. 그래서 세종대왕은 이것을 안타깝게 생각해서 훈민정음을 만든 것이다.

　훈민정음이 만들어진 후 세종대왕 덕분에 모든 사람들이 글자를 쓰고, 읽을 수 있게 되었다. 그래서 오늘날 한글을 만든 세종대왕을 기억하기 위해 10월 9일을 '한글날'로 만들었다.

1 위의 내용과 맞지 <u>않는</u> 것을 고르십시오.

① 한글의 옛날 이름은 훈민정음이다.
② 10월 9일은 세종대왕이 태어난 날이다.
③ 한글이 만들어지기 전까지 사람들은 글을 읽을 줄 몰랐다.
④ 세종대왕 덕분에 한국 사람들은 글을 읽게 되었다.

2 다음을 읽고 답하십시오.

1. '훈민정음'이란 무엇입니까?
2. 세종대왕이 '훈민정음'을 만든 이유는 무엇입니까?
3. 여러분 나라의 글자는 어떻게 만들어졌나요?

  창제   공휴일   글자

활동2

 여러분 나라에서 특별한 날이 있습니까? 그 특별한 날은 무엇입니까?
그날에 무엇을 하는지 말해 보십시오.

- 특별한 날: 어버이날
- 특별한 날 날짜: 5월 8일
- 특별한 날 소개
  아버지, 어머니의 은혜에 감사하고, 어른과
  노인을 공경하는 한국의 전통을 기념하는 날.
- 특별한 날 하는 일
  자녀가 부모님께 감사의 뜻으로 카네이션 꽃을
  달아드리고 선물을 한다.

특별한 날	내용
특별한 날	
특별한 날 날짜	
특별한 날 소개	
특별한 날 하는 일	

확인 학습

1 알맞은 것을 골라 연결하십시오.

1) 추석의 다른 말   ·   · 가) 한글날

2) 한글 창제를 기념하는 날   ·   · 나) 어버이날

3) 매년 5월 8일 부모님의 은혜를 감사하는 날   ·   · 다) 한가위

4) 백성을 가르치는 바른 소리   ·   · 라) 훈민정음

5) 그 해 새로 난 쌀   ·   · 마) 햅쌀

2 <보기>에서 ( )에 알맞은 것을 골라 쓰십시오.

명절	백성	송편	차례	소원

1) 추석이 다가오니까 ( ) 기분이 난다.

2) 나라의 일반 국민을 옛날에는 ( )이라고 했다.

3) 추석 밤에는 큰 달을 보며 ( )을/를 비는 전통이 있다.

4) 한국에서는 설날이나 추석 아침은 언제나 ( )부터 지낸다.

5) 쌀을 반죽하여 팥, 콩, 밤, 대추 등을 넣어서 빚은 음식을 ( )이라고 한다.

더하기

■ 세계의 재미있는 기념일 알아보기

세계 하마의 날(world Hippo Day)

매년 2월 15일에 전 세계적으로 하마의 보호하기 위해 만들어진 날이다. 오늘날 하마의 수가 급격하게 감소하고 있다. 사람들이 사냥을 하기 때문이다.

세계 춤의 날(World Dance Day)

세계 춤의 날은 매년 4월 29일에 열리는 행사이다. 1982년 국제무용위원회에서 시작되었다. 이날은 세계 각국에서 춤과 관련된 축제가 열리며 다양한 춤을 즐길 수 있다.

세계 미소의 날(World Smile Day)

세계 미소의 날은 매년 10월 첫째 금요일에 기념한다. 이날 사람들은 서로에게 미소를 보내고, 친절한 행동을 한다. 이날은 미소와 관련된 이벤트와 봉사활동 등을 한다.

7과

고민과 상담

학습목표

🎈 팀 활동 문제에 대해 고민을 이야기할 수 있다.

🎈 다양한 상담 방법을 알고 친구에게 조언할 수 있다.

생각해 보기

1. 요즘 어떤 고민이 있어요?

2. 고민이 있을 때 누구에게
   이야기하는 편이에요?

어휘 및 표현

개인 상담
그룹 상담
온라인 상담
오프라인 상담

상담센터에 가다
상담 신청을 하다
상담 프로그램에
참여하다

고민과 상담

갈등이 생기다
자존심이 상하다
말다툼이 벌어지다

책임감이 없다
고집을 부리다
연락이 안 되다

듣고 말하기

데이브: 교수님, 안녕하세요? 저는 대학한국어 수업을 듣고 있는 데이브
입니다. 잠깐 시간 괜찮으세요?

교수님: 데이브, 무슨 일이니?

데이브: 사실은 수업 팀 활동과 관련해서 고민이 있어서요.
제가 팀장인데 팀에 갈등이 좀 생겼어요.

교수님: 그렇구나. 팀 활동을 하다 보면 때로는 말다툼이 생길 수 있어.

데이브: 네, 교수님. 그런데 가장 큰 문제는 책임감 없는 팀원이 있는 거예요.
연락도 잘 안 되고 발표 준비에도 전혀 참여하지 않아요.
팀에서 나가라고 할까 해요.

교수님: 음... 바로 내보내기 전에 다 같이 상담센터에서 그룹 상담을
받아보는 건 어때?

데이브: 알겠습니다. 교수님. 팀원들과 의논해 보고 상담 센터에 가 볼게요.

1. 데이브의 고민은 무엇입니까?

2. 교수님은 데이브에게 무엇을 해 보라고 했습니까?

----

3. 여러분도 팀 활동을 하면서 고민이 있습니까?
   어떻게 해결하는 게 좋다고 생각합니까?

 팀장   팀원   의논하다

문법 1   -(으)ㄹ까 하다

✔ 의미

아직 확실하지 않지만 어떤 일을 할 마음이 있을 때 사용한다.

✔ 형태

동사	받침○	- 을까 하다	읽다	읽 + - 을까 하다 → 읽을까 하다
	받침X	- ㄹ까 하다	가다	가 + -ㄹ까 하다 → 갈까 하다

예 1

◎ 시험공부를 위해 매일 이 책을 읽을까 해요.
◎ 이번 여름방학에는 친구들과 고향에 갈까 해요.

예 2

가: 전공 수업은 좀 어때요?
나: 재밌지만 어려워요. 보충 수업을 신청 할까 해요.

연습

1) 새로 나온 오븐을 샀어요. 친구에게 줄 쿠키를 _____. (굽다)

2) 친구가 약속 시간에 많이 늦네요. 30분만 더 _____. (기다리다)

3) 한국에 온 지 3년이나 됐어요. 올해는 고향에 _____. (다녀오다)

4) 교환학생 신청 기한이 오늘까지예요. 저도 신청서를 _____. (제출하다)

5) 자취 생활을 시작했어요. 혼자 사니까 집에서 강아지를 _____. (기르다)

6) 오늘따라 찌개가 너무 짠 것 같아요. 뜨거운 물을 조금 더 _____. (붓다)

교환학생   신청서

문법 2   -(으)ㄹ 만하다

✓ **의미**

어떤 행위를 할 가치가 있거나 그렇게 될 가능성이 충분함을 나타낼 때 사용한다.

✓ **형태**

동사 / 형용사	받침○	- 을 만하다	먹다	먹 + - 을 만하다 → 먹을 만하다
			많다	많 + - 을 만하다 → 많을 만하다
	받침X	- ㄹ 만하다	보다	보 + -ㄹ 만하다 → 볼 만하다
			피곤하다	피곤하 + -ㄹ 만하다 → 피곤할 만하다

예 1

◎ 이 식당 음식은 먹을 만해요.
◎ 설리 씨가 며칠 밤을 샜으니 피곤할 만해요.

예 2

가: 이번에 새로 나온 영화 봤어요?
나: 네, 봤어요. 그 영화 볼 만해요.

장학금을 받다   두려움이 크다   실망하다

지치다   아르바이트를 해 보다   신뢰하지 않다

1) 사회를 경험해 보고 싶다면 _____.

2) 그 친구는 항상 늦으니까 사람들이 _____.

3) 오랫동안 준비해 온 시험에서 떨어졌으니 _____.

4) 기말고사 기간에 그렇게 열심히 공부했으니까 _____.

5) 그동안 고생을 너무 심하게 해서 몸도 마음도 _____.

6) 한 번도 혼자서 해외에 나가 본 적이 없으니까 유학 생활에 대한 _____.

문법 3   -(으)ㄴ/는 대신(에)

✓ **의미**

앞선 행동을 하지 않고 다른 일로 대체함을 나타낼 때 사용한다.

✓ **형태**

		받침○	- 은 대신에	읽다	읽 + -은 대신에 → 읽은 대신에
동사	과거	받침X	- ㄴ 대신에	빌리다	빌리 + -ㄴ 대신에 → 빌린 대신에
	현재	받침○	- 는 대신에	찾다	찾 + -는 대신에 → 찾는 대신에
		받침X		기억하다	기억하 + -는 대신에 → 기억하는 대신에
형용사		받침○	- 은 대신에	많다	많 + -은 대신에 → 많은 대신에
		받침X	- ㄴ 대신에	싸다	싸 + -ㄴ 대신에 → 싼 대신에

예 1

◎ 노트북을 빌리는 대신에 대여료를 내야 해요.
◎ 우리 회사는 월급이 많은 대신에 야근이 많은 편이에요.

예 2

가: 이번에 새로 산 노트북 어때요?
나: 값이 싼 대신에 용량이 좀 부족해요.

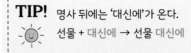

TIP! 명사 뒤에는 '대신에'가 온다.
선물 + 대신에 → 선물 대신에

연습

| 돈을 많이 벌다 | 점심 식사 | 자주 못 보다 | 집에서 좀 멀다 |

1) 가: 새로 입학한 학교는 잘 다니고 있어요?

　　나: _____ 무료 셔틀버스가 있어서 다닐 만해요.

2) 가: 아직 식사를 못 했어요?

　　나: _____ 그냥 이른 저녁을 먹으려고요.

3) 가: 장거리 연애를 하면 자주 못 봐서 힘들지 않아요?

　　나: _____ 만날 때 특별한 추억을 쌓으려고 노력하는 편이에요.

4) 가: 취직을 하면 돈을 많이 벌 수 있겠지요?

　　나: _____ 사회생활을 하느라 힘들 거예요.

장거리 연애　　셔틀버스

활동1

1 다음을 읽고 맞는 것을 고르십시오.

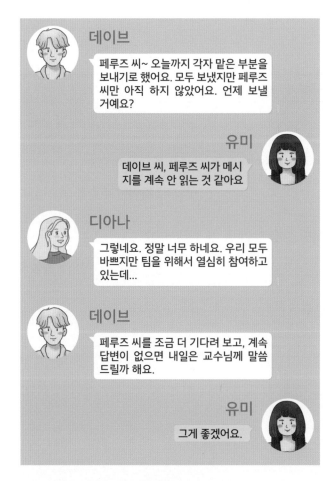

데이브

페루즈 씨~ 오늘까지 각자 맡은 부분을 보내기로 했어요. 모두 보냈지만 페루즈 씨만 아직 하지 않았어요. 언제 보낼 거예요?

유미

데이브 씨, 페루즈 씨가 메시지를 계속 안 읽는 것 같아요

디아나

그렇네요. 정말 너무 하네요. 우리 모두 바쁘지만 팀을 위해서 열심히 참여하고 있는데...

데이브

페루즈 씨를 조금 더 기다려 보고, 계속 답변이 없으면 내일은 교수님께 말씀 드릴까 해요.

유미

그게 좋겠어요.

① 유미와 디아나는 같은 팀입니다.

② 데이브는 발표를 하기로 했습니다.

③ 유미는 데이브의 의견에 반대합니다.

④ 데이브는 메시지를 읽지 않고 있습니다.

활동2

여러분은 상담을 받아본 적이 있습니까? 학교에는 다양한 상담 프로그램이 있습니다. 여러분이 참여해 보고 싶은 상담 프로그램을 조사하고, 왜 그 상담을 받고 싶은지 이야기해 보십시오.

여러분은 전공 수업을 들으면서 어떤 고민을 가지고 있습니까? 그 고민을 해결하기 위해서는 어떤 방법들이 있을지 친구와 이야기해 보십시오.

고민	해결 방법
■ 한국 친구들과 어울리지 못하는 것 같습니다. ■ 성적을 잘 받고 싶은데, 중간시험을 못 봤습니다.	

확인 학습

1 알맞은 것을 골라 연결하십시오.

1) 어떤 일에 대해 서로 의견을 나눔 · · 가) 갈등

2) 마음속 걱정거리 · · 나) 팀장

3) 서로 생각이 달라 부딪치는 일 · · 다) 고집

4) 한 팀의 책임자나 대표 · · 라) 고민

5) 자기의 생각이나 주장을 굽히지 않고 버티는 것 · · 마) 의논

2 <보기>에서 (   )에 알맞은 것을 골라 쓰십시오.

자존심	상담 센터	참여하다	책임감	말다툼

1) 의견이 다르면 _____ 이 벌어질 수 있어요.

2) 유미 씨는 _____ 이 강해서 고집을 부리고 있어요.

3) _____ 에서는 학생들의 고민을 들어주고 조언을 해 줘요.

4) 수산토는 아직 전공 수업 프로젝트에 _____ 본 적이 없어요.

5) 우리 팀장은 _____ 이 강한 편이라서 팀 활동이 잘 되고 있어요.

■ 상담 프로그램 알아보기

우리 학교 상담 센터에서는 **그룹 상담**을 운영하고 있다. 그룹 상담은 같이 전공 수업을 듣는 팀이 함께 상담에 참여하여 3주 동안 서로의 속마음을 이해하고 깊은 대화를 통해 문제를 해결하는 과정을 제공하는 프로그램이다.

진로 상담은 여러 가지 고민 중 학생들의 진로 문제와 관련된 상담을 밀도 있게 지원하는 프로그램이다. 학생들의 적성을 알아보는 적성 조사부터, 직업 적합성에 대한 다양한 조사를 지원해 준다.

온라인 상담은 대면 상담이 어려운 학생들을 위해 제공하는 실시간 채팅형 상담 프로그램이다. 시간이 없거나 대면 상담이 부담스러운 학생들에게 유용하다.

한국어와 문화

학습목표

🎈 한국의 특별한 문화에 대해 듣고 말할 수 있다.

🎈 나라 간 문화 차이를 알고 한국어로 설명할 수 있다.

생각해 보기

1. '밥 먹었어요?'라는 한국 인사를 들어 본 적이 있어요?

2. 여러분의 나라에도 특별한 인사나 특별한 문화가 있습니까?

어휘 및 표현

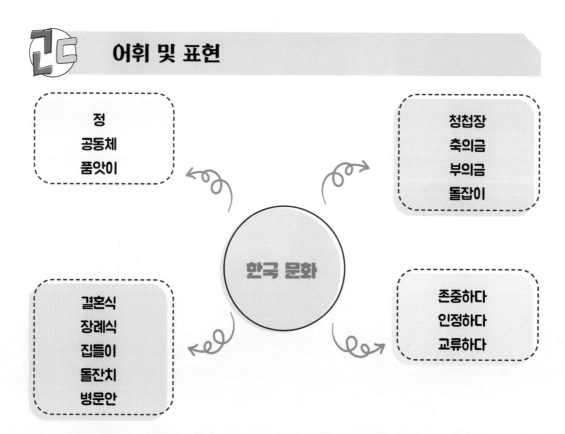

정
공동체
품앗이

청첩장
축의금
부의금
돌잡이

한국 문화

결혼식
장례식
집들이
돌잔치
병문안

존중하다
인정하다
교류하다

듣고 말하기

페루즈: 디아나 씨는 밥 먹었냐는 인사 혹시 들어본 적 있어요? 한국에서는 그냥 안부 인사로 밥을 먹었는지 묻는 것 같더라고요. 정이 담긴 인사예요.

디아나: 그래요? 전 생각하면 할수록 조금 이상한 것 같아요. 같이 밥을 먹자고 제안하려고 묻는 게 아니에요?

페루즈: 네, 약속을 잡기 위해서 묻는 게 아니라 그냥 관심을 보여주는 특별한 문화인 거예요. 이것뿐만 아니라 한국 사람들은 '다음에 밥 한번 먹어요.'라고 인사하기도 하는데, 이것도 같은 공동체 안에서 잘 지내자는 인사예요.

디아나: 페루즈 씨는 한국 사람이 다 됐네요.

페루즈: 하하, 저도 사실은 아직 배우는 중이에요.

1. 페루즈는 디아나에게 어떻게 인사했습니까?

2. 디아나는 페루즈가 한 인사의 의미를 어떻게 생각했습니까?

----

3. 여러분의 나라에도 특별한 인사가 있습니까?

안부 인사   챙겨 먹다

문법 1   -(으)면 -(으)ㄹ수록

✓ **의미**

어떤 일이 정도가 더해지거나 덜해짐을 나타낼 때 사용한다.

✓ **형태**

동사 / 형용사	받침○	- 으면 - 을 수록	읽다	읽 + - 으면 - 을수록 → 읽으면 읽을수록
			높다	높 + - 으면 - 을수록 → 높으면 높을수록
	받침X	- 면 - ㄹ 수록	하다	하 + -면 -ㄹ수록 → 하면 할수록
			느리다	느리 + -면 -ㄹ수록 → 느리면 느릴수록

【 예 1 】

◎ 성적은 높으면 높을수록 좋다.
◎ 공부는 하면 할수록 어려운 것 같다.

【 예 2 】

가: 한국어 공부가 그렇게 좋아요?
나: 네. 배우면 배울수록 좋아요.

연습

1) 아파트를 많이 _____ 집값이 떨어지겠지? (짓다)

2) 요즘 사람들은 돈은 _____ 좋다고 느낀다. (많다)

3) 그 가방은 가격을 _____ 더 잘 팔린다고 한다. (올리다)

4) 주변 사람들을 많이 _____ 당신의 마음은 만족스러워질 겁니다. (돕다)

5) 연구 결과에 따르면 _____ 외국어를 배우는 데에 유리하다고 한다. (어리다)

6) 설문조사 결과, 연령이 _____ 시대의 변화에 적응하지 못한다고 한다. (높다)

 연구 결과   에 따르면   적응   집값

문법 2 　　뿔만 아니라

✓ 의미
앞선 내용에 추가로 내용을 덧붙임을 나타낼 때 사용한다.

✓ 형태

명사	받침○/X	뿐만 아니라	선물	선물 + 뿐만 아니라 → 선물뿐만 아니라
			편지	편지 + 뿐만 아니라 → 편지뿐만 아니라

예 1

◎ 선물뿐만 아니라 편지도 있어요.
◎ 교재뿐만 아니라 부교재도 같이 공부해야 해요.

TIP! 'N 뿐만 아니라'는 'N 물론이고'와 바꿔 쓸 수 있어요.

예 2

가: 김 교수님 수업 어땠어요?
나: 강의뿐만 아니라 팀 토의도 재미있었어요.

1) 가: 학교 도서관 지하에 새로 생긴 카페 가 봤어요?

　　나: 네, 가 봤어요. _____ (커피 맛 / 분위기)

2) 가: 한국 휴양지에 많이 가 봤어요?

　　나: 네, 많이 가 봤어요. _____ (부산 / 거제도)

3) 가: 디아나 씨는 외국어를 정말 잘하는 것 같아요.

　　나: _____ (한국어 / 페르시아어)

4) 가: 데이브 씨, 이번에 취직했다면서요? 회사는 마음에 들어요?

　　나: _____ (업무 / 회사 복지)

 휴양지　　업무　　복지

문법 3   -(으)ㄴ/는 반면에

✓ 의미

앞에 오는 일과 뒤에 오는 일이 반대되는 사실임을 나타낼 때 사용한다.

✓ 형태

동사	과거	받침○	- 은 반면에	찾다	찾 + -은 반면에 → 찾은 반면에
		받침X	- ㄴ 반면에	주다	주 + -ㄴ 반면에 → 준 반면에
	현재	받침 ○/X	- 는 반면에	읽다	읽 + -는 반면에 → 읽는 반면에
				보다	보 + -는 반면에 → 보는 반면에
형용사		받침○	- 은 반면에	낮다	낮 + -은 반면에 → 낮은 반면에
		받침X	- ㄴ 반면에	비싸다	비싸 + -ㄴ 반면에 → 비싼 반면에

예 1

◎ 우리 회사는 월급을 많이 주는 반면에 출장도 자주 가야 해야 해요.
◎ 이 식당은 음식 값이 많이 비싼 반면에 좋은 재료를 사용한다고 해요.

예 2

가: 그 수업 어때요?
나: 숙제는 많은 반면에 피드백은 적어요.

1) 그 친구는 침착해요. / 소극적인 편이에요.

_____ .

2) 우리 언니는 성적은 낮아요. / 성격이 좋아요.

_____ .

3) 도시는 볼 것이 다양해요. / 교통체증이 심해요.

_____ .

4) 이 회사는 평일에 바빠요. / 주말 출근이 없어요.

_____ .

5) 그 교재는 그림이 많아요. / 설명이 부족한 것 같아요.

_____ .

6) 저는 한국어 말하기는 좀 어려워요. / 쓰기는 자신이 있어요.

_____ .

 평일   소극적   교통체증   자신이 있다

활동1

■ 다음을 읽고 물음에 답하십시오.

　한국에서는 '청첩장'이라는 특별한 초대장을 만들어서 주변 사람들을 결혼식에 초대하는 문화가 있습니다. 재미있는 점은 청첩장에 신랑과 신부의 이름만 들어가는 것이 아니라 부모님의 이름과 신랑 신부가 몇 번째 자녀인지 등의 정보까지도 들어간다는 것입니다.

　최근에는 휴대폰을 사용하는 사람들의 수가 늘어나면서 종이 청첩장뿐만 아니라 모바일 청첩장도 활발하게 사용되고 있습니다. 모바일 청첩장에는 양과 상관없이 더 많은 사진과 콘텐츠를 넣을 수 있기 때문에 종이 청첩장보다도 편리하다고 합니다. 또 신랑, 신부, 부모님의 전화번호와 계좌번호를 바로 복사할 수 있어서 휴대폰으로 연락을 하거나 축의금을 보내기도 좋습니다.

　예로부터 한국 사회에는 품앗이 문화가 있습니다. 품앗이는 힘들거나 중요한 일을 돕기 위해 돌아가며 서로의 일을 해 주는 전통입니다. 결혼식에 직접 가서 축하해 주거나 축의금으로 마음을 전하는 것도 품앗이 전통의 하나라고 할 수 있습니다. 즉 한국에서 청첩장은 단순히 결혼 소식을 알리기 위한 것이 아니라 인간관계를 유지하고 특별한 마음을 표현하기 위한 수단인 셈입니다.

　　전통　　　수단

1 다음을 읽고 맞으면 O, 틀리면 X 하십시오.

1) 한국에는 특별한 초대 문화가 있다. (   )

2) 한국 청첩장에는 신랑 신부의 이름만 들어간다. (   )

3) 한국 사람들은 모바일로도 청첩장을 만들어 보낸다. (   )

4) 한국 품앗이 문화는 인간관계에서 서로 돕기 위한 전통이다. (   )

2 여러분의 나라의 결혼 문화는 어떻습니까?

3 다음을 읽고 맞으면 O, 틀리면 X 하십시오.

한국에는 돌잡이라는 재미있는 문화가 있습니다. 돌잔치는 아이의 첫 번째 생일을 축하하는 자리인데요. 연필, 마이크, 축구공, 돈 등 직업과 관련된 다양한 물건을 앞에 두고 아이가 물건을 선택하게 하는 것을 돌잡이라고 합니다. 돌잡이를 통해 아이의 미래 직업을 예측하는 놀이라고 할 수 있는데요. 재미있는 문화이기는 하지만 아기의 미래를 정해 놓는 느낌이 있어서 최근에는 다양한 방식으로 대체되고 있다고도 합니다. 또, 과거에는 돌잔치를 크게 했던 반면에 요즘은 가족끼리 잔치를 하는 경향이 있다고 합니다. 가장 중요한 것은 아기의 건강과 가족의 행복을 바라는 마음이겠지요?

1) 돌잔치는 태어난 지 100일이 되었을 때 하는 잔치이다. (   )

2) 돌잡이는 아이의 미래 직업을 추측하는 특별한 문화이다. (   )

3) 최근에는 과거보다 돌잔치를 크게 하는 경향성이 있다고 한다. (   )

4) 돌잔치에서 가장 중요한 것은 돌잡이에 다양한 물건을 놓는 것이다. (   )

 상사

활동2

 여러분 나라에는 어떤 특별한 초대 문화가 있습니까?
초대할 때 꼭 해야 하는 선물이 있습니까?

◎ 결혼식

◎ 장례식

◎ 집들이

◎ 병문안

여러분 나라에서는 특별한 날에 절대 해서는 안 되는 '금기'가 있습니까?
서로 문화의 차이를 비교하며 이야기해 보십시오.

금기	한국	(나라:)	(나라:)
결혼식	하객이 흰옷을 입으면 안 됩니다.		
장례식	빨간색 옷을 입거나 빨간 꽃을 선물하면 안 됩니다.		
이름	빨간색으로 사람의 이름을 쓰면 안 됩니다.		
시험	미역국을 먹으면 시험에 떨어진다는 생각이 있습니다.		

 금기

확인 학습

1 알맞은 것을 골라 연결하십시오.

1) 청첩장을 보내요.　　　　　　　　　　　•　　　•　가) 장례식

2) 부의금을 내요.　　　　　　　　　　　　•　　　•　나) 결혼식

3) 휴지를 선물해요.　　　　　　　　　　　•　　　•　다) 집들이

4) 흰 꽃을 선물하면 안 돼요.　　　　　　•　　　•　라) 돌잔치

5) 아기의 미래를 예측하는 놀이가 있어요.　•　　　•　마) 병문안

2 <보기>에서 (　　　)에 알맞은 것을 골라 쓰십시오.

존중	돌잡이	품앗이	정	미역국

1) _____ 은/는 주로 생일에 먹는 음식인데, 시험이 있는 날 먹으면 미끄러진다는 말이 있다.

2) _____ 은/는 중요한 날에 서로 도움을 주고자 한 한국의 공동체 문화이다.

3) 문화에는 옳고 그름이 없기 때문에 서로 다른 문화를 _____ 해야 합니다.

4) 한국 사람들이 _____ 이/가 있다는 것은 '밥 먹었니?'라는 인사에서 나타난다.

5) _____ 구경은 재밌긴 하지만 아기의 미래를 정해 놓는 것 같아서 안 하고 싶어요.

더하기

■ 재미있는 몸짓언어 알아보기

손가락 두 개를 브이 모양으로 보이는 것은 승리를 의미하기도 하지만, 그리스 등 일부 문화권에서는 부정적인 욕설의 의미를 갖는다고 해요.

엄지를 치켜 세우는 것은 한국에서는 '최고', '좋다'는 의미를 나타내지만, 호주나 그리스에서는 모욕적이거나 부정적인 의미로 사용되기도 해요.

영미권에서는 검지와 중지를 교차하는 손동작이 행운을 빌어준다는 의미를 갖지만 베트남에서는 여성을 비하하는 욕설로 받아들여진다고 해요.

한국에서 손가락으로 이마 측면을 향하게 하여 빙글빙글 돌리는 것은 '너 미쳤어?'라는 의미로 사용되기도 하지만 아르헨티나에서는 '전화가 왔다'는 뜻으로 받아들여진다고 해요.

9과

인간관계

학습목표

- 🎈 나와 룸메이트와의 관계를 말할 수 있다.
- 🎈 인간 관계를 잘 유지할 수 있는 방법을 알 수 있다.

생각해 보기

1. 룸메이트나 학과 친구들과
   잘 지내고 있어요?

2. 주변 사람들 때문에 힘들었던
   적이 있어요?

어휘 및 표현

성격 차이
사고 방식
생활 습관
예의 지키기

마음이 통하다
문화를 알다
서로를 잘 알다
성격이 맞다

인간관계

싸우다
험담하다
말을 안 하다
연락을 안 하다

이해하다
배려하다
소통하다
양보하다

듣고 말하기

수산토: 유미 씨, 이번 학기 룸메이트는 누구예요?

저는 페루즈와 룸메이트가 됐어요.

유　　미: 잘 됐네요. 수산토 씨는 페루즈 씨와 친하잖아요.

제 룸메이트는 모르는 외국 학생이에요.

수산토: 아, 그래요? 저는 페루즈 씨와 학과도 같은 데다가 동아리도 같아서

서로를 잘 알아요.

유　　미: 좋겠어요. 룸메이트끼리 마음이 맞으면 좋잖아요.

수산토: 맞아요. 우리는 마음이 잘 통해서 한 번도 싸운 적이 없어요.

유　　미: 저는 새 룸메이트하고 생활 습관이 안 맞거나 그 나라의 문화를

몰라서 실수할까 봐 걱정돼요.

수산토: 너무 걱정하지 마세요. 유미 씨는 성격도 좋고 배려도 잘하니까

잘 지낼 거예요.

유　　미: 고마워요. 룸메이트끼리는 서로 배려해야 잘 지낼 수 있는 것

같아요.

1. 유미 씨의 룸메이트는 누구입니까?

2. 기숙사 생활을 잘하려면 룸메이트는 서로 어떻게 해야 합니까?

----

3. 여러분이 새 룸메이트와 잘 지내려면 어떻게 하면 좋을까요?

문법 1   -(으)ㄴ/는 데다가

✔ 의미

어떤 일에 다른 상황이나 동작이 더해지는 의미를 나타낼 때 사용한다.

✔ 형태

동사	받침○	- 은 / 는 데다가	먹다	먹 + - 은 / 는 데다가 → 먹은 / 는 데다가
	받침X	- ㄴ / 는 데다가	사다	사 + -ㄴ / 는 데다가 → 산 / 사는 데다가
형용사	받침○	- 은 데다가	많다	많 + - 은 데다가 → 많은 데다가
	받침X	- ㄴ 데다가	아프다	아프 + -ㄴ 데다가 → 아픈 데다가

예 1

◎ 점심도 많이 먹은 데다가 케이크까지 다 먹었어요.
◎ 그 식당은 양도 많은 데다가 가격도 저렴해서 학생들이 자주 가요.

예 2

가: 전공 발표 준비는 잘 되고 있어요?
나: 아니요, 감기에 걸린 데다가 발표 자료도 어려워서 아직 다 못했어요.

바람도 불다   생활 습관이 같다   높임말도 없다   나라 문화가 다르다

1) 가: 밖에 비가 너무 많이 와요.

　　나: 네, 오늘은 _____ 비도 정말 많이 오네요.

2) 가: 두 사람은 정말 친한 것 같아요.

　　나: 네, 디아나 씨는 저랑 _____ 음식 취향까지 같아서 정말 잘 맞아요.

3) 가: 설리 씨, 페루즈 씨와 무슨 일이 있었어요? 왜 말을 안 해요?

　　나: 우리는 안 맞아요. _____ 언어도 몰라서 서로를 이해하기가 어려워요.

4) 가: 설리 씨는 말실수한 적이 있어요?

　　나: 네, 있어요. 왜냐하면 우리나라 말에는 _____

　　　　반말도 없어서 실수를 자주 해요.

  음식 취향   말실수하다

문법 2   -아/어/여야

✓ **의미**

앞 절의 일이 뒤 절 일의 조건임을 나타날 때 사용한다.

✓ **형태**

동사	ㅏ,ㅗ(○)	- 아야	만나다	만나 + - 아야 → 만나야
	ㅏ,ㅗ(X)	- 어야	기다리다	기다리 + - 어야 → 기다려야
	하다	- 여야	신청하다	신청하 + - 여야 → 신청해야

예 1

◎ 활동 과제는 팀원의 마음이 맞아야 재미있게 할 수 있어요.
◎ 이 프로그램은 온라인으로 신청해야 접수가 가능해요.

예 2

가: 제가 소개해 준 그 사람은 어때요? 마음에 들어요?
나: 한 번 만나서 잘 모르겠어요. 몇 번 더 만나야 알 수 있을 것 같아요.

연습

1) 언어는 _____ 실력이 늘어요. (매일 연습하다)

2) 상대방의 말을 _____ 좋은 관계를 만들 수 있어요. (잘 들어주다)

3) 수박은 검은 줄이 넓고 선명한 것을 _____ 달고 맛있어요. (고르다)

4) 네가 말실수를 했을 때 바로 _____ 문제가 안 생길 거야. (사과를 하다)

5) 그 친구가 먼저 _____ 저는 용서할 수 있을 것 같아요. (잘못을 인정하다)

6) 친구는 많은 _____ 서로를 알고 친해질 수 있는 것 같아요. (시간을 함께하다)

잘못   인정하다   검은 줄   선명하다   사과를 하다   관계

문법 3　　　끼리

✓ **의미**

그 부류만이 '서로 함께'의 뜻을 더하는 것을 나타낼 때 사용한다.

✓ **형태**

명사	받침○/X	끼리	가족	가족 + 끼리 → 가족끼리
			친구	친구 + 끼리 → 친구끼리

예 1

◎ 기숙사 생활을 할 때 같은 방 친구끼리 잘 지내는 게 중요해요.
◎ 새해에 우리나라는 가족끼리 모여서 맛있는 음식을 먹으면서 이야기해요.

예 2

가: 오늘 온라인 회의는 어떻게 하실 거예요?
나: 먼저 다같이 회의를 한 후에 팀끼리 만나서 회의를 하려고 해요.

종류	외국어	선후배
내용	아는 사람	마음이 통하는 친구

1) _____ 는 말을 안 해도 서로 잘 알아요.

2) 옷을 정리할 때 같은 _____ 모아서 정리해 주세요.

3) 저 식당은 이 동네에서 _____ 찾아가는 동네맛집이에요.

4) 글쓰기에서 가장 중요한 _____ 모아 놓은 부분이 본론이에요.

5) 도서관 2층에 가면 외국어는 _____, 여행은 여행끼리 책을 분류해 놨어요.

6) 이번 게임대회는 같은 학과의 _____ 한 팀이 돼서 대회에 나갈 거예요.

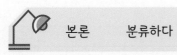

본론   분류하다

활동1

■ 다음을 읽고 물음에 답하십시오.

　　나는 대학교에 입학해서 학교 기숙사에 들어갔어요. 처음으로 친구와 방을 같이 사용하게 되었어요. 나는 형제가 없고 부모님과 같이 지냈어요. 그래서 다른 사람하고 잘 지낼 수 있을지 걱정을 많이 했어요. 반면에 룸메이트는 형제가 있는 친구였어요. 부모님이 안 계실 때 동생들을 챙겼다고 해요. 동생들이 잘못해도 이해하고 화를 내지 않았다고 해요. 룸메이트는 가족이 많아서 그런지 항상 나를 배려해 주었어요. 내가 밤늦게까지 불을 켜 놓고 과제를 해도 괜찮다고 했어요. 우리는 생활 습관과 좋아하는 음식이 서로 달랐지만 룸메이트는 나를 먼저 생각해 주고 이해해 주었어요. 룸메이트 덕분에 우리는 싸우지 않고 1학기 동안 재미있게 지낼 수 있었어요. 이제 우리는 말을 안 해도 마음이 잘 통하는 친한 친구가 되었어요.

1 위의 내용과 맞지 <u>않는</u> 것을 고르십시오.

① 룸메이트는 먼저 나를 이해해 주었다.

② 룸메이트는 부모님 대신 동생들을 챙겼다.

③ 입학하기 전에 나는 다른 사람과 지낸 적이 없다.

④ 나와 룸메이트는 생활 습관이 같아서 싸우지 않았다.

2 위 글을 읽고 룸메이트가 나에게 어떻게 해 주었는지 쓰십시오.

룸메이트는 나를	• 배려해 주었어요. • •

■ 여러분은 룸메이트나 학과 친구들과 어떻게 지내고 있습니까?
친구들과 친하게 지내는 방법을 써 보십시오.

 챙기다

활동2

여러분은 친구나 주변 사람들과 무엇을 하면서 어떻게 좋은 관계를 유지했습니까? 그리고 앞으로도 좋은 관계를 유지할 수 있는 방법은 무엇입니까?

어릴 때	밖에서 뛰어놀기, 그림 그리기,
대학생 때	같이 밥 먹기, 동아리 활동하기,
외국인 친구	한국 맛집 소개해주기, 언어교환하기,

확인 학습

1 <보기>에서 알맞은 것을 골라 쓰십시오.

배려	예의	존중	생활 습관	사고방식

1) 한국 사회에서 어른의 이름을 부르면 (   )이/가 없어요.

2) 문화가 다른 친구끼리 서로의 문화를 (   )할 수 있어야 해요.

3) 나는 늦게 자는데 친구는 일찍 자야 해요. 우리는 (   )이/가 안 맞아요.

4) (   )은/는 도와주거나 보살펴 주려는 마음을 뜻해요.

5) 나와 내 친구는 그 문제에 대해서 생각하는 (   )이/가 서로 달라요.

2 <보기>에서 알맞은 것을 골라 쓰십시오.

친구에게 친절하다		고민을 들어 주다
친구를 험담하다	문화를 모르다	성격이 안 맞다

1) 내가 힘들 때 페루즈 선배가 내 (   ). (-(으)ㄴ/는 편이다)

2) 저는 룸메이트와 (   ) 기숙사에서 나가려고 해요. (-아/어/여서)

3) 수산토 씨는 (   ) 성격도 좋아서 인기가 많아요. (-(으)ㄴ/는 데다가)

4) 그 친구가 없을 때 친구의 단점을 말하지 마세요. (   ). (-(으)면 안 되다)

5) 외국인 친구끼리 그 나라의 (   ) 그 친구를 이해하기가 어려워요. (-(으)면)

더하기

■ 각국의 배려석 알아보기

독일 배리어프리	
	https://lrl.kr/fXef
태국의 승려석	
	https://lrl.kr/sxFn
한국의 배려석	
	https://lrl.kr/olwr
일본의 배려석	
	https://lrl.kr/olwn
캐나다 지하철	
	https://lrl.kr/olwn

10과

공공생활

학습목표

- 🎈 외국인 등록증 재발급에 대해 알 수 있다.
- 🎈 외국인 건강보험에 대해 이해할 수 있다.

생각해 보기

1. 한국에서 생활할 때 외국인이 꼭 해야 하는 것은 무엇일까요?

2. 공공생활에서 지켜야 할 규칙은 무엇일까요?

어휘 및 표현

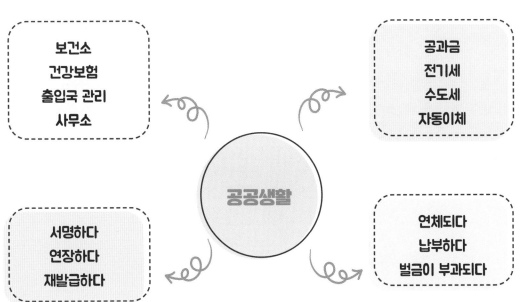

보건소
건강보험
출입국 관리
사무소

공과금
전기세
수도세
자동이체

공공생활

서명하다
연장하다
재발급하다

연체되다
납부하다
벌금이 부과되다

듣고 말하기

페루즈: 설리 씨, 외국인 등록증 재발급 받았어요? 지난 주에 잃어버렸으니 이번 주까지 꼭 해야 될 거예요. 14일 안으로 신청하지 않으면 벌금을 낼 수 있어요.

설　리: 정말이에요? 요즘 밥 먹을 시간이 없을 정도로 바빠서 출입국 관리 사무소에 갈 시간이 없었어요. 아직 재발급 못했어요.

페루즈: 오늘이라도 하면 되니까 너무 걱정하지 마세요. 직접 출입국 관리 사무소에 가지 않아도 온라인으로 할 수 있어요. 저도 체류지가 변경되어서 재발급 받았었거든요.

설　리: 정말 다행이에요. 체류지를 옮겨도 재발급 받아야 하는군요.

페루즈: 네, 주소가 변경되면 14일 안으로 신고해서 외국인 등록증을 재발급 받아야 해요.

설　리: 아~ 좋은 정보군요. 그런데 재발급 받을 때 무엇이 필요해요?

페루즈: 통합신청서와 여권, 여권용 사진 1장과 수수료가 있어야 해요. 통합 신청서는 출입국 관리 사무소 홈페이지에서 자료를 받을 수 있어요.

1. 외국인 등록증을 재발급 받아야 하는 경우는 언제입니까?
2. 외국인 등록증 재발급을 할 때 필요한 것은 무엇입니까?
----
3. 여러분은 외국인 등록증을 분실한 경험이 있습니까?

벌금　　재발급　　수수료

문법 1   -기가 불편하다/편하다

✔ 의미

어떤 일을 하거나 어떤 상태일 가능성이 많을 때 사용한다.

✔ 형태

동사	받침O/X	- 기가 편하다	보다	보 + - 기가 편하다 → 보기가 편하다
			먹다	먹 + - 기가 편하다 → 먹기가 편하다

예 1

◎ 영화관에서 영화보기가 편해요.

◎ 복잡해서 바닥에 앉아서 음식을 먹기가 불편해요.

예 2

가: 외국인 등록증 재발급했어요?

나: 네, 외국인 등록증 재발급하기가 편했어요.

연습

오르다	자다	활동하다	식사하다	수업 듣다	읽다

1) 몸에 붙는 옷을 입고 __활동하기가__ 불편해요.

2) 학교 기숙사에 살아서 _____ 편해요.

3) 딱딱한 침대에서 _____ 불편해요.

4) 산에 갈 때에는 등산화를 신고 _____ 편해요.

5) 전자책은 글씨가 커서 노인들이 책을 _____ 편해요.

6) 처음 만난 사람과 함께 식당에 가서 _____ 불편해요.

문법 2   -(으)ㄹ 정도로

✓ 의미

크고 작은 정도로 나타내는 분량이나 수준, 그만큼의 분량이나 수준일 때 사용한다.

✓ 형태

동사	받침○	- 을 정도로	믿다	믿 + - 을 정도로 → 믿을 정도로
	받침X	- ㄹ 정도로	가다	가 + - ㄹ 정도로 → 갈 정도로

예 1

◎ 식사를 할 시간이 없을 정도로 일이 많아요.
◎ 한번 가면 다시 갈 정도로 맛있는 식당이에요.

예 2

가: 유미 씨가 그렇게 한국말을 잘해요?
나: 네, 한국 사람이라고 해도 믿을 정도로 한국말을 잘해요.

연습

풀 수 있다	걸다	잠기다	빠지다	먹다	쓰러지다

1) 이번 폭우는 집이 _____ 쏟아졌어요.

2) 목숨을 _____ 로 나라를 위해 싸웠어요.

3) 며칠 밤을 새웠더니 _____ 피곤해요.

4) 이 수학문제는 너무 쉬워서 중학생도 _____ .

5) 고향에서 친구가 오기를 목이 _____ 기다렸어요.

6) 지난 달 수술을 하고 이제는 음식을 _____ 몸이 다 나았어요.

문법 3   -는 게 어때요?

✓ **의미**

다른 사람에게 제안할 때 사용한다.

✓ **형태**

동사	받침○/X	- 는 게 어때요 ?	먹다	먹 + -는 게 어때요? → 먹는 게 어때요?
			치다	치 + -는 게 어때요? → 치는 게 어때요?

예 1

◎ 이번에는 부산에 왔으니까 돼지국밥을 먹는 게 어때요?
◎ 이번 팀 활동 과제는 설리 씨에게 부탁하는 게 어때요?

예 2

가: 유미 씨, 오늘 오후에 같이 탁구 치는 게 어때요?
나: 좋아요. 같이 쳐요.

특산물을 먹어 보다   분실물 센터에 가다   이야기를 해 보다   커피를 마시다

1) 가: 제 룸메이트가 밤에 노래를 크게 들어서 힘들어요.

   나: 룸메이트에게 힘들다고 _____?

2) 가: 제주도에 왔으니 제주도 _____?

   나: 좋아요. 한 번 먹어 봐요.

3) 가: 내일 발표 준비를 해야 하는데, 잠이 쏟아져요.

   나: 그럼 _____?

4) 가: 휴대폰을 아무리 찾아도 없어요. 아무래도 지하철에서 잃어버린 것 같아요.

   나: 그럼 지금이라도 지하철 _____?

특산물   쏟아지다

활동1

■ 다음을 읽고 물음에 답하십시오.

공과금이란?

생활하면서 전기, 전화, 물 등을 사용하면 사용한 만큼 내는 요금

* 공과금은 정해진 기간 안에 납부해야 한다.
  만약 납부하지 않으면 연체료 부담.
  3개월 이상 내지 않으면 전기, 전화 등 서비스 중단!

공과금 내기

1) 청구서를 가지고 직접 은행이나 우체국에 가서 공과금을
   내는 방법
2) 직접 은행에 가지 않고, 매달 정해진 날짜에 통장에서
   자동으로 공과금이 빠져나가도록 하는 자동이체 방법

1 위에 내용과 맞지 <u>않는</u> 것을 고르십시오.

① 공과금은 전기세, 물세가 포함된다.

② 공과금이 연체가 되면 연체료를 내야 된다.

③ 공과금은 사용한 만큼 내야 하는 세금이다.

④ 공과금은 반드시 은행이나 우체국에서 내야 된다.

2 다음을 읽고 답하십시오.

1) 공과금이 무엇입니까?

2) 공과금을 내는 방법은 무엇입니까?

3) 공과금을 연체한 경험이 있다면 이야기해 보십시오.

공과금   연체료   중단   자동이체

활동2

 여러분은 한국의 건강보험제도에 대해 알고 있습니까?
보험 혜택을 받은 경험이 있으면 이야기해 보십시오.

외국인 유학생 건강보험에 대해 알고 있나요?

Q. 한국에서 유학을 하려고 하는데 의료비가 걱정이 돼요.
외국인 유학생도 건강보험에 가입할 수 있나요?
A. 외국인 유학생은 자동으로 가입됩니다.

Q. 국민 건강보험에 가입해야 하는 이유가 무엇인가요?
A. 첫째, 의료비를 아낄 수 있습니다. (보험에 가입하면 치료비 30~50%만 부담)

둘째, 6개월 이상 체류하는 외국인은 반드시 가입해야 합니다.

셋째, 비상 상황을 대비할 수 있습니다. (갑자기 질병이나 사고에 대비 → 비싼 치료 비용)

넷째, 한국에서 장기 체류에 편리합니다. (건강검진, 예방접종 등 다양한 혜택)

다섯째, 한국 생활에 잘 적응하고 건강을 유지하는 데 도움이 됩니다.

 부담   필수   비상 상황   대비   체류   혜택

확인 학습

1 <보기>에서 (　　　)에 알맞은 것을 골라 쓰십시오.

| 건강보험 | 자동이체 | 벌금 | 공과금 | 재발급 |

1) 외국인 등록증을 분실해서 (　　　　　　　　　　　　) 받아야 돼요.

2) 공공요금은 은행에 가지 않고 (　　　　　　　　　　)로 낼 수 있어요.

3) 이 음식점에서는 음식을 남기면 500원씩 (　　　　　　　　)을 내야 해요.

4) 재산세, 자동차세, 전기세, 수도세 등 쓴 만큼 국가에 내는 돈을 (　　　　　)이
   라고 해요.

5) 외국인 유학생들은 (　　　　　　　　) 가입을 통해 질병이나 부상에 대한 서비스를
   받을 수 있어요.

2 <보기>에서 (　　　　)에 알맞은 것을 골라 쓰십시오.

| 연체되다 | 납부하다 | 부과하다 | 신고하다 | 재발급하다 |

1) 도서관에서 빌린 책을 반납하지 못해서 (　　　　　　　　　　).

2) 학생증을 잃어 버려서 학생처에서 (　　　　　　　　　　).

3) 이번 달 25일까지 수도세를 은행에 (　　　　　　　　) 해요.

4) 교통신호를 지키지 않은 차량에 벌금을 (　　　　　　　　).

5) 외국인 등록증을 분실해서 출입국 관리 사무소에 (　　　　　　　　).

더하기

■ 우리 지역의 공공장소 알아보기

출입국 외국인청
출입국 심사, 외국인 체류 관리, 외국인 보호, 사증발급인정서 발급 등을 하는 곳

보건소
진료, 검진, 건강관리 사업, 민원 정보, 예방접종 등을 하는 곳

행복복지센터
출생신고, 전입신고, 사회복지 등 관할구역의 민원업무를 하는 곳

11과

진로

학습목표

🎈 자신의 적성에 맞는 진로 선택에 대해서 말할 수 있다.

🎈 자신에게 맞는 직업을 찾아볼 수 있다.

생각해 보기

1. 자신만의 특기가 있어요?

2. 졸업한 후 진로에 대해서 고민해 봤어요?

어휘 및 표현

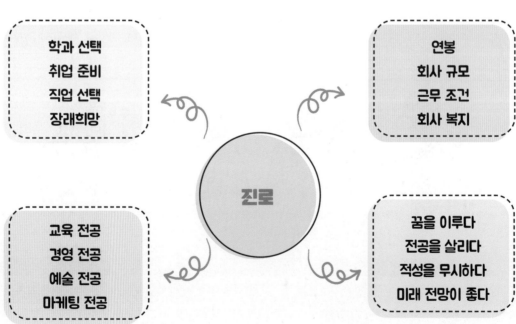

학과 선택
취업 준비
직업 선택
장래희망

연봉
회사 규모
근무 조건
회사 복지

진로

교육 전공
경영 전공
예술 전공
마케팅 전공

꿈을 이루다
전공을 살리다
적성을 무시하다
미래 전망이 좋다

듣고 말하기

디아나: 데이브 씨, 요즘 전공 공부는 어때요?

지난 학기 학점은 잘 받았어요?

데이브: 네, 전공이 저하고 잘 맞아서 학점도 잘 받은 편이에요.

디아나: 우와, 그럼 전공을 살려서 진로를 선택하면 되겠네요.

데이브: 그래서 졸업하고 나면 경영 쪽이나 비즈니스 쪽 일을 해 볼까 해요.

디아나: 데이브 씨는 리더십도 있고 아르바이트 경험도 많으니까

잘 맞을 것 같아요.

데이브: 그래요? 디아나 씨는 언어 능력이 좋아서 통역이나 번역을

잘할 것 같은데 어때요?

디아나: 저는 언어 쪽도 관심이 있고 교육 쪽도 해 보고 싶어요.

제 전공을 살릴 수 있으니까요.

데이브: 학교 취업지원센터에 가면 진로적성 검사를 무료로 해 준다고 해요.

그래서 저는 한번 가 볼까 해요.

디아나: 그래요? 검사를 해 보면 우리 적성에 대해서 알 수 있을 테니까 같이

해 볼까요?

1. 두 사람은 무슨 이야기를 하고 있어요?

2. 여자는 어떤 쪽에 관심이 있어요?

- -

3. 여러분은 어떤 쪽으로 진로를 선택할 계획이에요? 이유가 뭐예요?

문법 1   -고 나면

✓ 의미

앞선 동작이 완전히 끝난 후의 의미를 나타낼 때 사용한다.

✓ 형태

동사	받침O/X	- 고 나면	먹다	먹 + - 고 → 먹고 나면
			졸업하다	졸업하 + - 고 나면 → 졸업하고 나면

예 1

◎ 학교식당에서 밥을 다 먹고 나면 그릇은 저기에 놓으면 돼요.
◎ 저는 졸업하고 나면 대학원에 들어갈 거예요.

예 2

가: 선생님, 진로검사 결과는 언제 알 수 있어요?
나: 결과는 검사가 끝나고 나면 바로 알 수 있어요. 잠깐만 기다리세요.

연습

과정을 수료하다	건강검진 결과가 나오다	자기 적성을 알다
중급 교재를 끝내다	학위를 받다	자유 전공 과정을 듣다

1) _____ 다시 진료실로 가야 돼요.

2) _____ 전공을 선택하기가 쉬울 거예요.

3) 내년에 _____ 고향에 돌아가려고 해요.

4) 글쓰기 _____ 한국어 글쓰기 실력이 많이 늘 것 같아요.

5) 교수님, _____ 고급 한국어 과정에서 어떤 책으로 수업해요?

6) 우리 학교는 1년 동안 _____ 2학년 때부터 전공을 선택할 수 있어요.

 자유 전공   AI(Artificial Intelligence, 인공 지능)

문법 2   에 대해서

✓ **의미**

대상이나 상대로 삼는 의미를 나타낼 때 사용한다.

✓ **형태**

명사	받침○/X	에 대해서	전공	전공 + 에 대해서 → 전공에 대해서
			진로	진로 + 에 대해서 → 진로에 대해서

예 1

◎ 저는 대학교에 입학할 때 이 전공에 대해서
　잘 몰랐어요.

◎ 영어 인터뷰는 자기 진로에 대해서 3분 동안
　발표하는 거예요.

> **TIP!**
> ■ 명사 + 에 대한
>
> 예) 내일 IT 기업에 대한 설명회가 있어요.
> 　　아르바이트 경험에 대한 이야기를 했어요.

예 2

가: 데이브 씨의 재미있었던 아르바이트 경험에 대해서 이야기해 줄 수 있어요?

나: 네, 저는 대학교 축제 때 음식을 만들어서 팔았던 경험이 재미있었습니다.

1) 어제 부모님과 _____ 이야기를 해 봤어요. (한국 유학)

2) 설리 씨는 _____ 생각해 본 적이 있어요? (해외 취업)

3) 지금부터 제가 조사한 _____ 발표하겠습니다. (특별한 직업)

4) 제가 수강신청이 처음인데 _____ 설명해 줄 수 있어요? (수강신청 방법)

5) 내년에 3학년으로 올라가니까 요즘 제 _____ 많이 고민하고 있어요. (미래)

6) 뉴스에서 취업생들이 일하고 싶은 _____ 조사한 결과를 들었어요. (희망 기업)

 취업생   희망 기업

문법 3   -(으)ㄹ 테니까

✓ **의미**

자신의 의지나 강한 추측을 나타낼 때 사용한다.

✓ **형태**

동사 / 형용사	받침○	- 을 테니까	읽다	읽 + - 을 테니까 → 읽을 테니까
			좋다	좋 + - 을 테니까 → 좋을 테니까
	받침X	- ㄹ 테니까	기다리다	기다리 + - ㄹ 테니까 → 기다릴 테니까
			예쁘다	예쁘 + - ㄹ 테니까 → 예쁠 테니까

예 1

◎ 제가 그 책을 읽을 테니까 디아나 씨는 인터넷 자료를 찾아 주세요.
◎ 앞으로 이 전공이 전망이 좋을 테니까 공부하는 것도 좋을 것 같아요.

예 2

가: 설리 씨, 제가 학과 사무실에 잠깐 갔다 와도 돼요?
나: 네, 여기에서 기다릴 테니까 갔다 오세요.

| 연봉이 높다 | 유미 씨를 응원하다 | 케이크를 만들다 |
| 제출 날짜를 여쭤 보다 | 날씨가 춥다 | 해외 출장이 많다 |

---

1) 그 회사는 _____ 졸업생들이 지원을 많이 할 거예요.

2) 오늘 _____ 옷을 따뜻하게 입고 나가세요.

3) 유미 씨, 올해도 저는 _____ 파이팅하세요.

4) 외국계 회사는 _____ 외국어를 잘해야 돼요.

5) 데이브 씨 생일에 내가 _____ 설리 씨는 선물을 준비하는 게 어때요?

6) 제가 교수님께 _____ 설리 씨가 유미 씨한테 과제 내용을 다시 설명해 줄래요?

활동 1

■ 다음을 읽고 물음에 답하십시오.

나에게 맞는 직업은 무엇일까요? 우리가 직업을 선택하는 이유는 두 가지예요. 대학 전공을 살리거나 친구나 부모님의 말을 듣고 그 직업을 선택해요. 만약 아직 내가 진로를 결정하지 않았다면 대학교를 다니는 동안 직업을 선택하는 연습을 미리 해 보면 좋아요. 나에게 맞는 직업 선택을 위해서 먼저 직업을 조사해 보는 거예요. 두 번째는 직업 안내책이나 안내 사이트를 보면서 마음에 드는 직업을 10개 정도 고르세요. 10개를 고르고 나서 내가 그 직업에 필요한 자격증이 있는지, 내 적성에 맞는지, 사람들과 어떻게 지내야 하는지 등을 생각해 보세요. 그리고 그 직업에 대해서 상상해 보세요. 월급은 얼마를 받고 월급을 어디에 쓸지 어떤 회사 동료들과 어떻게 일할지를 상상해 보세요. 이렇게 직업과 진로를 선택하는 연습을 하면 졸업하기 전에 나에게 맞는 직업을 찾을 수 있을 거예요.

1 이 글의 제목으로 알맞은 것을 고르십시오.

① 나에게 맞는 직업을 찾는 방법
② 좋은 직업 안내책을 고르는 방법
③ 적성에 맞는 전공을 선택하는 방법
④ 회사에서 동료들과 잘 지내는 방법

2 위의 내용과 맞지 <u>않는</u> 것을 고르십시오.

① 자격증을 딴 후에 직업을 조사해 본다.
② 졸업하기 전에 직업을 선택하는 연습을 하면 좋다.
③ 직업을 고를 때 그 직업에 대해서 생각하고 상상해 보면 좋다.
④ 보통 직업을 선택할 때 나의 적성보다 친구나 부모님 말씀을 잘 듣는다.

결정하다   고르다

활동2

다음은 나의 적성에 맞는 직업을 선택해 보는 방법입니다. 나는 어떤 스타일인지를 알아보고 그 스타일에 맞는 직업은 무엇인지 찾아 봅시다.

나의 직업 고르기	
순서	무엇을 합니까?
1. 괜찮은 직업 10가지 찾기	한국고용정보원 www.keis.or.kr/ 한국고용직업분류표 • 한국직업전망 다운로드 가능 (PDF) • '4 차 산업혁명 시대' 내 직업 찾기 → 마음에 드는 직업 고르기 (10개 ~ 20개)
2. 나의 능력의 종류, 행동 특성 찾기	• 나는 공부를 잘할까? 일을 잘할까? • 나는 리드하는 편일까? 따라가는 편일까? • 나는 한 가지 일을 오래 해? 아니면 좋아하는 것이 자주 바뀌고 하고 싶은 것이 많아?
3. 미래의 나를 상상해 보기	• 내가 그 직업을 갖게 되면 어떤 옷을 입고 다닐까? • 일하는 사람들과 환경은 어떨까? • 월급을 받으면 어떻게 쓰지? 취미 생활은 뭘로 할까?

■ 함께 할 미래 for 2030 신직업
   1. 첨단기술 분야(AI 전문가, 사물인터넷 개발자, 스마트도시 전문가 등)
   2. 문화콘텐츠 및 스포츠 분야
   3. 사업서비스 분야(상품 스토리텔러, 소셜미디어 전문가, 웹툰 번역가)
   4. 개인서비스 분야(동물보건사, 반려동물행동상담원, 농촌관광 플래너...)

(출처: 고용노동부/한국고용정보원 워크넷www.work.go.kr → 직업진로 → 자료실)

나의 직업 선택 단계	나의 스타일
1. 괜찮은 직업 10가지 찾기	
2. 나의 능력의 종류, 행동 특성 찾기	
3. 미래의 나를 상상해 보기	

 다음은 MZ세대(1980~2000년대 초 출생)의 취업준비생들이 직장을 선택할 때 중요하게 생각하는 조건의 순위입니다. 최근 MZ세대의 선택과 10년 전 세대가 선택한 순서를 비교해서 보고 여러분은 무엇을 더 중요하게 생각하는지 순위를 써 보십시오.

순위	10년 전의 선택	MZ세대의 선택	나의 선택
1	개인의 발전 가능성	연봉 수준(월급)	
2	직장의 안정성	근로시간, 업무량	
3	연봉 수준(월급)	직장의 안정성	
4	적성, 흥미	적성, 흥미	
5	근무환경 및 복지	근무환경 및 복지	
6	근로시간, 업무량	개인의 발전 가능성	

확인 학습

1 <보기>에서 알맞은 것을 골라 쓰십시오.

> 장래희망　　　　학과 선택　　　　취업 준비　　　　근무 조건　　　　회사 복지

1) 미래에 내가 하고 싶은 일을 위해서 (　　　　　　　　　　)이/가 중요해요.

2) 우리 회사는 무료 식사, 가족 휴가비 등 (　　　　　　　　)이/가 좋은 편이에요.

3) 나는 졸업 후 (　　　　　　　)을/를 위해 컴퓨터 자격증하고 외국어 자격증을 땄어요.

4) 최근 뉴스에 따르면 초등학생들의 (　　　　　　　　　　)은/는 운동선수나
　프로게이머가 되는 거예요.

5) 인턴사원의 (　　　　　　　)은/는 3개월 동안 1일 8시간 주 5일 근무하는 거예요.

2 <보기>에서 알맞은 것을 골라 쓰십시오.

> 전망이 좋다　　　전공을 살리다　　　적성을 무시하다　　　꿈을 이루다　　　진로를 선택하다

1) 진로 세미나를 통해서 나에게 맞는 (　　　　　　　　　　). (-(으)ㄹ 수 있다)

2) 나는 국제무역 (　　　　　　　　　　) 외국 무역회사에 합격했다. (-아/어/여서)

3) 나는 디자이너가 되는 (　　　　　　　　　　) 열심히 노력하고 있어요. (-기 위해)

4) 옛날에는 직업을 선택할 때 (　　　　　　　　　) 돈을 중요하게 생각했어요. (-고)

5) 앞으로 우리는 100살까지 살 수 있을 테니까 노인서비스 쪽도 (　　　　　　　　).
　　　　　　　　　　　　　　　　　　　　　　　　　　　　　(-(으)ㄹ 것이다)

더하기

■ 진로별 특성 알아보기

진로(취업)준비! 어떻게 해야 할지, 잘하고 있는 건지 궁금할 때 클릭해 보세요! 2분이면 검사 끝!

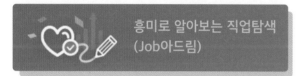

나의 흥미에 맞는 직업이 무엇인지 찾고 싶으면 클릭해 보세요!

■ 다음은 적성 진로별 특성과 직업을 소개한 표입니다.
　나의 흥미 유형과 직업은 무엇인지 체크해 보세요.

[흥미 유형] 사회형(　　), 진취형(　　), 관습형(　　), 현실형(　　), 탐구형(　　), 예술형(　　)

사회형		진취형		관습형	
☐	간호사/수의사	☐	운동선수	☐	회사원
☐	경찰관	☐	국회의원	☐	군인
☐	사회복지사	☐	기자	☐	약사
☐	(초중고)선생님	☐	요리사/바리스타	☐	은행원
☐	여행안내원	☐	CEO	☐	통역가
☐	외교관	☐	1인 미디어콘텐츠 제작자	☐	공무원
현실형		탐구형		예술형	
☐	의사	☐	프로게이머	☐	가수/배우/화가
☐	빅데이터분석가	☐	게임기획자	☐	연주가
☐	로봇공학자	☐	사물인터넷전문가	☐	웹툰작가
☐	드론전문가	☐	가상현실전문가	☐	패션디자이너
☐	3D프린팅모델러	☐	웨어러블전문가	☐	시각디자이너

■ 다음은 9가지 테마(주제)별 미래 직업을 분류한 표입니다.
  아래 표를 보고 관심이 있는 나의 미래 직업을 표시해 보십시오.

	직업의 종류			
로봇	☐ 인공지능 전문가	☐ 무인 자동차 엔지니어	☐ 드론 전문가	☐ 로봇 윤리학자
바이오	☐ 생물정보 분석가	☐ 바이오 의학품 개발 전문가	☐ 생명공학자	☐ 생체 인식 전문가
연결	☐ 크라우드 펀딩 전문가	☐ 클라우드 시스템엔지니어	☐ 빅데이터 전문가	☐ 항공우주 공학자
에너지	☐ 기후 변화 대응 전문가	☐ 스마트 그리드 엔지니어	☐ 신재생 에너지 전문가	☐ 해양 에너지 기술자
놀이	☐ 디지털 큐레이터	☐ 문화콘텐츠 전문가	☐ 반려동물 훈련상담사	☐ 여행 기획자
건강	☐ 원격 진료 코디네이터	☐ 헬스 케어 컨설턴트	☐ 의료기기 개발 전문가	☐ 노년 플래너
의식주	☐ 정밀농업 기술자	☐ 곤충음식 개발자	☐ 스마트팜 구축가	☐ 스마트 도시 전문가
안전	☐ 스마트 재난 관리 전문가	☐ 지식재산 전문가	☐ 디지털 포렌식 전문가	☐ 정보 보호 전문가
디자인	☐ 홀로그램 전문가	☐ UX디자인 컨설턴트	☐ 3D프린팅 전문가	☐ 캐릭터 디자이너

*출처:부산광역시교육청 2022년도 자기관리역량강화, 커리어넷 활용 미래 직업 p.116

12과

미래 계획

학습목표

🎈 자신의 미래 목표와 비전을 세울 수 있다.

🎈 대학 생활 동안 계획한 것을 말할 수 있다.

생각해 보기

1. 이번 학기에 무엇을 하고 싶어요?

2. 10년 후에 어떤 계획을 가지고 있어요?

어휘 및 표현

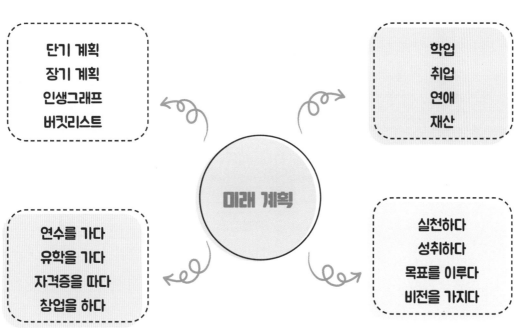

단기 계획
장기 계획
인생그래프
버킷리스트

학업
취업
연애
재산

미래 계획

연수를 가다
유학을 가다
자격증을 따다
창업을 하다

실천하다
성취하다
목표를 이루다
비전을 가지다

듣고 말하기

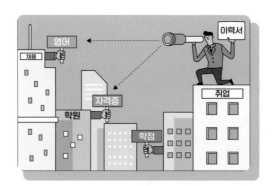

데이브: 유미 씨, 학교 신문에서 이 기사를 봤어요? 기사에 따르면 요즘 대학생
들은 미래에 대한 불안감이 제일 크다고 해요.

유　미: 아, 그거요? 저도 읽었어요. 사실 저도 미래를 생각하면 생각할수록 불안
해져요.

데이브: 유미 씨도 그래요? 사실 유학생은 졸업하고 취업하는 게 쉽지
않잖아요.

유　미: 그렇죠? 그래서 미래를 잘 준비하려면 졸업하기 전까지 해야
할 게 많은 것 같아요. 데이브 씨는 준비하는 게 있어요?

데이브: 네. 다음 학기에 자격증을 따고 나면 다양한 학교 프로그램에
참여하려고요.

유　미: 우와, 벌써 다음 학기 계획을 다 세웠어요? 그 다음 계획도 있어요?

데이브: 네. 장기 계획은 조금 힘들더라도 유학을 가서 MBA 과정을 마치고 창업을
하려고 해요.

유　미: 대단해요. 벌써 미래계획을 다 세웠군요. 목표를 이루길 응원할게요.

1. 두 사람은 무슨 이야기를 하고 있습니까?

2. 앞으로 데이브는 무엇을 하려고 합니까?

----

3. 여러분은 어떤 크고 작은 미래 계획을 세웠습니까?

MBA 과정　　　창업을 하다

문법 1   에 따르면

✓ **의미**

주장이나 진술의 근거를 나타낼 때 사용한다.

✓ **형태**

명사	받침○/X	에 따르면	결과	결과 + 에 따르면 → 결과에 따르면
			계획	계획 + 에 따르면 → 계획에 따르면

예 1

◎ 조사 결과에 따르면 매년 유학생 수가 늘어나고 있다고 합니다.
◎ 올해 우리 학과 계획에 따르면 봉사프로그램 활동이 많아진다고 합니다.

예 2

가: 다큐멘터리 미래보고서에 따르면 10년 후에 멸종 동물이 많아진다고 해요.
나: 저도 그 다큐멘터리를 봤는데 정말 걱정이 되더라고요.

연습

- 먼저 단기 계획을 세운 후에 장기 계획을 세우는 것이 좋다.
- 학점을 잘 받은 후에 자격증을 따는 것에 좋다.
- 스트레스를 많이 받아서 스트레스를 줄여야 한다.
- 올해 여름은 작년 여름보다 더 덥고 장마가 길다.
- 우리 학과의 취업률이 학교에서 제일 높다.
- 전주국제영화제 때 유명한 해외 영화배우들이 한국을 방문한다.

1) 진로상담 결과에 따르면 먼저 단기 계획을 세운 후에 장기 계획을 세우는 것이 좋다고 해요.

2) _____ .

3) _____ .

4) _____ .

5) _____ .

6) _____ .

장마 　　 줄이다 　　 방문하다

문법 2   -더라도

✓ 의미

가정이나 양보의 뜻을 나타낼 때 사용한다.

✓ 형태

동사 / 형용사	받침○/X	- 더라도	들다	들 + - 더라도 → 들더라도
			가다	가 + - 더라도 → 가더라도
			힘들다	힘들 + - 더라도 → 힘들더라도
			아프다	아프 + - 더라도 → 아프더라도

예 1

◎ 내가 가고 싶은 회사에 들어가기 위해서 전공 공부가 힘들더라도 열심히 해야 해요
◎ 오늘 날씨가 따뜻하다고 하더라도 겨울이니까 옷을 따뜻하게 입으세요.

예 2

가: 다음 학기에 어학연수를 간다면서요?
나: 네, 비용이 많이 들더라도 졸업하기 전에 갔다 오려고요.

연습

다양한 경험을 하다   시간이 없다   고급 시험이 어렵다   계획을 잘 세우다

1) 가: 인터뷰 준비는 잘하고 있어요? ＿＿＿＿＿＿＿＿＿＿ 식사는 꼭 챙겨 드세요.

　　나: 고마워요. 생각보다 준비할 게 많네요.

2) 가: 아휴, 올해 공부 계획은 잘 세웠는데... 반밖에 못 지켰어요.

　　나: 반을 지켰으면 잘한 거예요. ＿＿＿＿＿＿＿＿＿＿ 다 지키기는 힘들어요.

3) 가: 취업을 준비하려면 어떻게 해야 해요? 다양한 경험이 중요하겠죠?

　　나: 네, 그런데 ＿＿＿＿＿＿＿＿＿＿＿ 그 직업과 관련된 경험을 해야 돼요.

4) 가: 너도 이번 외국어 시험은 중급을 신청할 거지?

　　나: 아니, 취업하려면 고급이 필요해. ＿＿＿＿＿＿＿ 고급 시험을 쳐 보려고 해.

문법 3   -고 말겠다

✓ 의미

앞말이 뜻하는 행동이 끝내 이루어졌음을 나타내는 말로 화자의 강한 의지를 나타낼 때
사용한다.

✓ 형태

동사	받침O/X	- 고 말겠다	먹다	먹 + - 고 말겠다 → 먹고 말겠다
			하다	하 + - 고 말겠다 → 하고 말겠다

예 1

◎ 5년 후 고향에서 창업을 해서 꼭 성공하고 말겠어요.

◎ 한국어 실력을 향상시켜서 말하기 대회에 나가 1등을 하고 말겠습니다.

예 2

가: 벌써 새해예요. 새해 버킷리스트가 있어요?

나: 있어요. 작년 버킷리스트가 전국일주였는데 못 했어요. 그래서 올해는 꼭 하고 말겠어요.

1) 올해부터 롤모델을 정해서 _____ . (그분처럼 성공하다)

2) 이번 학기 기말시험 쓰기 과목은 _____ . (A+를 받다)

3) 나는 올해 안에 SNS 구독자 수를 _____ . (1만 명으로 늘리다)

4) 매일 한국어 단어 10개를 외워서 한달에 300개 _____ . (단어를 외우다)

5) 작가가 되기 위해서 하루에 한 페이지씩 쓰는 _____ . (목표를 이루다)

6) 내년에 새 자동차를 살 계획을 세웠어요.

　　그래서 내년까지 _____ . (1,000만 원을 모으다)

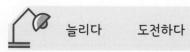

늘리다　　　도전하다

활동 1

■ 다음을 읽고 물음에 답하십시오.

[성공을 부르는 미래 계획 세우기]

　미래 계획은 어떻게 세워야 할까요? 먼저 내가 무엇을 하면 행복한지 무엇을 할 수 있는지를 생각해 봐야 해요. 그리고 내가 하고 싶은 일로 유명한 사람을 롤모델로 정해 보세요. 성공한 사람들은 책을 많이 읽고 다양한 경험을 했다고 해요. 계획을 지키기가 어렵더라도 실천하고 말겠다고 자신과 약속했다고 해요.

　우리도 먼저 1년 목표와 계획을 세워 봐요. 자격증 따기, 운동하기, 외국어 공부 시작하기도 좋아요. 1년 목표를 이루었으면 그것보다 더 큰 계획을 세우세요. 3년 후 목표와 계획을 세우는 거예요. 1년 동안 외국어를 공부했으니까 그 나라를 여행해 보는 거예요. 그리고 마지막으로 5년 계획을 세우는 거예요. 앞으로 5년 후는 잘 모르기 때문에 내가 하고 싶은 것을 써도 좋아요. 나의 롤모델처럼 되기로 생각하고 매일매일 작은 계획을 실천하면 나의 꿈을 이룰 수 있어요.

1 위에 내용과 맞는 것을 고르십시오.

① 롤모델이 읽은 책과 경험을 똑같이 따라한다.
② 미래 계획을 세울 때 나의 롤모델을 정하는 것도 좋다.
③ 큰 계획에서 작은 계획 순서로 정하면 실천하기가 쉽다.
④ 5년 후는 알 수가 없기 때문에 3년보다 큰 계획을 세워야 한다.

2 성공을 부르는 미래 계획 세우기에 대해서 정리해 보십시오.

미래 계획	1년	3년	5년
할 수 있는 계획			

■ 여러분은 롤모델이 있습니까? 그 롤모델은 무엇을 했습니까?

롤모델	롤모델이 세운 목표나 계획

활동2

여러분은 미래에 어떤 계획을 가지고 있습니까?
지금부터 앞으로 20년 후까지 어떤 일을 해 보고 싶은지 써 보십시오.

◎ 대학교를 다니는 동안 무엇을 해 보고 싶습니까?	• 해외 봉사를 하러 가고 싶어요. •
◎ 대학교를 졸업하고 무엇을 하고 싶습니까?	• 대학원에 진학하고 싶어요. •
◎ 취업을 하기 위해서 무엇을 어떻게 준비하려고 합니까?	• 전공을 살리기 위해 자격증을 따려고 합니다. •
◎ 30살이 되기 전까지 무엇을 꼭 해내고 말겠습니까?	• 회사에 다니고 돈을 모아서 비싼 차를 꼭 사고 말겠습니다. •

저는 20대에 해 보고 싶은 것이 아주 많습니다. 지금은 대학생이기 때문에 여러 가지 경험을 해 보고 싶습니다.

여러분 인생에서 중요한 일이 언제 일어났습니까? 아래 표에 중요했던 일과 미래 일을 계획하며 써 봅시다. 그리고 그 일을 <보기> 그래프와 같이 아래 그래프에 표시해 보십시오. 여러분의 인생그래프는 어떤 형태입니까?

<보기>

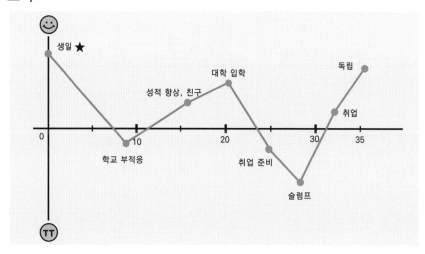

1살	8살	( )살	( )살	( )살	( )살	( )살	( )살
생일							

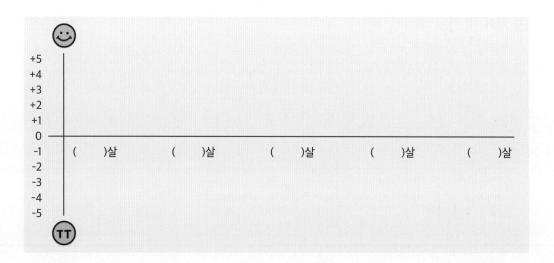

확인 학습

1 다음 <보기>에서 ( )에 알맞은 것을 골라 쓰십시오.

> 재산　　　　장기 계획　　　　버킷리스트　　　　인생 그래프　　　　단기 계획

1) 건강과 ( )은/는 인생에서 중요한 거예요.

2) 이것은 내가 1년 동안 하고 싶은 것을 쓴 ( )예요.

3) 짧은 기간에 하고 싶은 일을 계획하는 것을 ( )이라고 해요.

4) ( )은/는 어릴 때부터 지금까지 중요한 날을 그린 그래프예요.

5) 10년이나 20년 후 먼 미래의 계획을 세우는 것을 ( )이라고 해요.

2 다음 <보기>에서 ( )에 알맞은 것을 골라 쓰십시오.

> 비전을 가지다　　　창업을 하다　　　성취하다　　　연수를 가다　　　목표를 이루다

1) 나는 졸업 후에 카페 ( ). (-(으)ㄹ까 하다)

2) 나는 미래의 ( ) 열심히 공부하고 있어요. (-고)

3) 나는 다음 학기에 학교를 휴학하고 언어 ( ). (-기로 하다)

4) 추석에 달을 보면서 소원을 빌면 그 소원을 ( )고 해요. (-(으)ㄹ 수 있다)

5) 올해 버킷리스트에서 마라톤을 완주하는 ( ). (-았/었/였으면 좋겠다)

더하기

■ 직업별 대표적인 인물들 알아보기

open AI 창업자

샘 올트먼은 챗GPT의 아버지로 open AI 창업자이면서 경영자이다. 19살에 소셜 네트워킹 서비스 회사를 만들어 CEO가 되었다. 2015년 일론 머스크 등과 함께 오픈 AI를 설립했다.

*출처: https://lrl.kr/olo3

프로게이머

페이커는 전 세계적으로 유명한 한국의 프로게이머이다. 롤드컵 역대 최다, 최연소, 최고령 우승자로 실력과 경력을 가지고 있다. 16살에 프로게이머로 데뷔했고 프로게이머라는 직업과 e스포츠 산업을 대표하는 인물이 되었다.

*출처: https://lrl.kr/fW65

요리사, 사업가

백종원은 요리사이면서 한국 요리업계에서 유명한 기업인이다. 어릴 때부터 장사를 잘했고 혼자 힘으로 사업에 성공한 사업가다. 요리는 군대에서 시작했는데 칼로 무를 써는 연습을 매일 4~5시간씩 했다고 한다.

*출처: https://lrl.kr/E7Zc

답안지

1과

문법

문법 1 -게 되다

연습

1) 가입하게 되었어요.
2) 가게 되었어요.
3) 찾게 되었어요.
4) 제출하게 되었어요.
5) 알게 되었어요.
6) 사귀게 되었어요.

문법 2 -기로 하다

연습

1) 만나기로 했어요.
2) 예약하기로 했어요.
3) 맡기로 했어요.
4) 전달하기로 했어요.
5) 수강하기로 했어요.
6) 생활을 하기로 했어요.

문법 3 -기 위해서

연습

1) 돕기 위해서
2) 예매하기 위해서
3) 유지하기 위해서
4) 만들기 위해서

활동 1

1. 이번 학기 수강 과목을 정하기 위해서
2. 한 학기 수업 운영 방법을 확인할 수 있다.
   주별 수업 내용을 확인할 수 있다.
   과제와 시험을 확인할 수 있다.
3. ④

활동 2

1. ③
2. ②

확인 학습

1. 알맞은 것을 골라 연결하십시오.

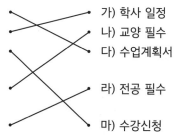

1) 수업의 전체적인 구성 및 수업 방식 등을 쓴 것

2) 학교 교육 일정에 대한 계획

3) 대학에서 학기가 시작하기 전에 자신이 들을 과목을 정하여 신청하는 것

4) 대학의 교양 과목 중에서 학생들이 꼭 이수하도록 정한 과목

5) 대학의 전공 과목 중에서 학생들이 꼭 이수하도록 정한 과목

가) 학사 일정

나) 교양 필수

다) 수업계획서

라) 전공 필수

마) 수강신청

2. <보기>에서 (   )에 알맞은 것을 골라 쓰십시오.

1) 학습 계획

2) 성적평가 방법

3) 교양 선택

4) 학점 관리

5) 시간표 작성

문법

문법 1 덕분에

연습

1) 선배 덕분에
2) 응원 덕분에
3) 교수님 덕분에
4) 정보 덕분에
5) 상담 덕분에
6) 영상 덕분에

문법 2 -는 중이다

연습

1) 번역하는 중이에요.
2) 작성하는 중이에요.
3) 만드는 중이에요.
4) 걷는 중이에요.
5) 검색하는 중이에요.
6) 다운로드 받는 중이에요.

문법 3 -아/어 있다

연습

1) 모여 있어요.
2) 비어 있어요.
3) 들어 있어요.
4) 놓여 있어요.
5) 붙어 있어요.
6) 서 있어요.

활동 1

1. 유학생의 학교 생활을 도울 수 있도록 한국 친구와 1:1 개별 수업을 하는 것이다.
2. 성격이 내성적이고 조용해서
3. ②

확인 학습

1. 알맞은 것을 골라 연결하십시오.

1) 사회생활에서 인간관계
2) 점수가 나오지 않는 다양한 대학 프로그램
3) 문화를 경험하는 것
4) 사회나 다른 사람에게 무료로 도움을 주는 것
5) 취업하기 위해 상담하는 것

가) 문화 체험
나) 사회봉사
다) 비교과 프로그램
라) 취업 상담
마) 대인관계

2. <보기>에서 (   )에 알맞은 것을 골라 쓰십시오.

1) 학생 자유 참여
2) 언어 교환
3) 취업 특강
4) 경험 확대
5) 심리 상담

3과

문법

문법 1 -아/어/여 버리다

연습

1) 뽑아 버렸어요.
2) 삭제해 버렸어요.
3) 찢어 버렸어요.
4) 그만둬 버렸어요.
5) 마무리해 버렸어요.
6) 차단해 버렸어요.

문법 2 -(으)므로

연습

1) 내리므로

2) 까다로우므로
3) 시끄러우므로
4) 몰리므로
5) 내야 하므로
6) 다양하므로

문법 3 을/를 통해서

연습

1) 오디션
2) 앱
3) 방법
4) 학습 사전

활동 1

1. 한국 대학에 재학 중인 외국인 유학생
2. ④

확인 학습

1. 알맞은 것을 골라 연결하십시오.

1) 여러 사람에게 알릴 내용을 붙여 모두 보게 하는 것
2) 학과에서 주최하는 행사
3) 정보를 안내하기 위한 문서
4) 취업을 위해 특별히 운영하는 강의
5) 한국 문화를 경험하는 것

가) 학과 행사
나) 게시판
다) 취업 특강
라) 한국 문화 체험
마) 안내문

2. <보기>에서 (   )에 알맞은 것을 골라 쓰십시오.

1) 말하기 대회
2) 공지문
3) 영상 공모전

4) 진로 특강
5) 경연 대회

문법

문법 1   -자마자

연습

1) 비가 그치자마자
2) 물이 끓자마자
3) 입 안에 들어가자마자
4) 대학을 졸업하자마자
5) 진열대에 내놓자마자
6) 영화배우가 자리에 앉자마자

문법 2   -아/어/여서 그런지

연습

1) 급하게 밥을 먹어서 그런지
2) 음식이 입에 맞아서 그런지
3) 커피를 많이 마셔서 그런지
4) 매일 운동을 해서 그런지

활동 1

1. 불규칙한 / 불규칙적인 / 규칙적이지 않은
2. ④

활동 2

1. 한국식 치킨, 김치, 비빔밥, 떡볶이, 김밥
2. ④

문법 3   -(으)ㄴ/는 편이다

연습

1) 네, (커피를) 자주 마시는 편이에요. /
   아니요, 자주 마시지 않는 편이에요. /
   아니요, 자주 안 마시는 편이에요.
2) 네, (식사를) 규칙적으로 하는 편이에요. /
   아니요, 규칙적으로 하는 편이 아니에요.
   / 아니요, 규칙적으로 안 하는 편이에요.
3) 네, (저는) 주말에 주로 도서관에서 공
   부하는 편이에요. / 아니요, 주말에 주
   로 도서관에서 공부하지 않는 편이에
   요. / 아니요, 주말에 주로 도서관에서
   공부 안 하는 편이에요.
4) 네, (이 노트북은) 가격이 비싼 편이에요. /
   아니요, 비싼 편은 아니에요. / 아니요. 안
   비싼 편이에요.

확인 학습

1. 다음은 5대 영양소입니다. 그림을 보고 다음 문장을 완성하십시오.

 1) 비타민
 2) 단백질
 3) 지방
 4) 탄수화물
 5) 무기질

2. <보기>에서 (   )에 알맞은 것을 골라 쓰십시오.

 1) 과식하게
 2) 운동 습관
 3) 기름진 음식
 4) 자극적인 음식
 5) 담백해서

5과

문법

문법 1   -ㄴ/는다고 하다

연습

1) 보고 싶다고 해요.
2) 생일이라고 해요.
3) 공부가 힘들다고 해요.
4) 시작된다고 해요.
5) 아르바이트를 구한다고 해요.
6) 팀 모임을 한다고 해요.

문법 2   -기는 하지만

연습

1) 여행을 가고 싶기는 하지만

활동 1

1.
1) ✕
2) O
3) ✕

활동 2

2) 한국 드라마를 자주 보기는 하지만
3) 아르바이트를 하고 싶기는 하지만
4) 한국을 좋아하기는 하지만
5) 고향이 그립기는 하지만
6) 전공 공부가 어렵기는 하지만

문법 3   -았/었/였을 때

연습

1) 처음 장학금을 받았을 때예요.
2) 전화했을 때
3) 지난주 백화점에 갔을 때
4) 아팠을 때

1. 한국어가 유창하지 못해서, 적극적으로 한국 사람들과 어울리고 한국어로 이야기하려고 노력했다.
2. 한국 음식이 입에 맞지 않는다고 해서 피하지 않았다.

확인 학습

1. 알맞은 것을 골라 연결하십시오.

1) 어떤 일이나 상황을 대하는 자세
2) 생각이나 문화 등을 서로 소통하는 것
3) 고향을 그리워하여 마음이 아픈 것
4) 전문적이 아니라 일상 생활에서
   즐기기 위하여 하는 일
5) 서로의 문화를 이해하는 것

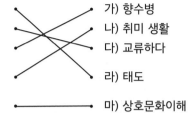

가) 향수병
나) 취미 생활
다) 교류하다
라) 태도
마) 상호문화이해

2. <보기>에서 (   )에 알맞은 것을 골라 쓰십시오.

1) 외로움
2) 적극적
3) 문화 차이
4) 우울감
5) 그리움

문법

문법 1　-아/어/여도

 연습

1) 힘들어도
2) 떨어져도
3) 작아도
4) 화를 내도
5) 얇아도
6) 먹어도

문법 2　밖에

연습

1) 길

활동 1

1. ②
2.
1) 백성을 가르치는 바른 소리
2) 일반 백성들은 한자를 배우기가 어려워 글을 모르는 사람이 많아서 세종대왕은 이것을 안타
　 깝게 생각했다.

2) 일주일
3) 청바지
4) 부모님
5) 현금
6) 물

문법 3　-ㄴ/는다면서(요)?

 연습

1) 축제를 한다면서요
2) 아르바이트를 한다면서요
3) 멀다면서요
4) 팀이라면서요

확인 학습

1. 알맞은 것을 골라 연결하십시오.

1) 추석의 다른 말		가) 한글날
2) 한글 창제를 기념하는 날		나) 어버이날
3) 매년 5월 8일 부모님의 은혜를 감사하는 날		다) 한가위
4) 백성을 가르치는 바른 소리		라) 훈민정음
5) 그 해 새로 난 쌀		마) 햅쌀

2. <보기>에서 (　　　)에 알맞은 것을 골라 쓰십시오.

1) 명절
2) 백성
3) 소원
4) 차례
5) 송편

문법

문법 1 -(으)ㄹ까 하다

연습

1) 구울까 해요.
2) 기다릴까 해요.
3) 다녀올까 해요.
4) 제출할까 해요.
5) 기를까 해요.
6) 부을까 해요.

문법 2 -(으)ㄹ 만하다

연습

1) 아르바이트를 해 볼 만해요.

활동 1

1. ①

2) 신뢰하지 않을 만해요.
3) 실망할 만해요.
4) 장학금을 받을 만해요.
5) 지칠 만해요/지쳤을 만해요.
6) 두려움이 클 만해요.

문법 3 -(으)ㄴ/는 대신(에)

연습

1) 집에서 좀 먼 대신에
2) 점심 식사를 못한 대신에
3) 자주 못 보는 대신에
4) 돈을 많이 버는 대신에

확인 학습

1. 알맞은 것을 골라 연결하십시오.

1)	어떤 일에 대해 서로 의견을 나눔		가) 갈등
2)	마음속 걱정거리		나) 팀장
3)	서로 생각이 달라 부딪치는 일		다) 고집
4)	한 팀의 책임자나 대표		라) 고민
5)	자기의 생각이나 주장을 굽히지 않고 버티는 것		마) 의논

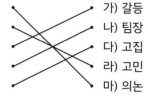

2. <보기>에서 (   )에 알맞은 것을 골라 쓰십시오.

1) 말다툼
2) 자존심
3) 상담 센터
4) 참여해
5) 책임감

문법

문법 1   -(으)면 -(으)ㄹ수록

연습

1) 지으면 지을수록
2) 많으면 많을수록
3) 올리면 올릴수록
4) 도우면 도울수록
5) 어리면 어릴수록
6) 높으면 높을수록

문법 2   뿐만 아니라

연습

1) 커피 맛뿐만 아니라 분위기도 좋아요.
2) 부산뿐만 아니라 거제도도 가 봤어요.
3) 한국어뿐만 아니라 페르시아어도 잘해요.
4) 업무뿐만 아니라 회사 복지도
   마음에 들어요.

활동 1

1.
1) O
2) ×
3) O
4) O

3.
1) ×
2) O
3) ×
4) ×

문법 3   -(으)ㄴ/는 반면에

연습

1) 그 친구는 침착한 반면에
   소극적인 편이에요.
2) 우리 언니는 성적은 낮은 반면에
   성격이 좋아요.
3) 도시는 볼 것이 다양한 반면에
   교통체증이 심해요.
4) 이 회사는 평일에 바쁜 반면에
   주말 출근이 없어요.
5) 그 교재는 그림이 많은 반면에
   설명이 부족한 것 같아요.
6) 저는 한국어 말하기는 좀 어려운 반면에
   쓰기는 자신이 있어요.

확인 학습

1. 알맞은 것을 골라 연결하십시오.

1) 청첩장을 보내요.   가) 장례식

2) 부의금을 내요.   나) 결혼식

3) 휴지를 선물해요.   다) 집들이

4) 흰 꽃을 선물하면 안 돼요.   라) 돌잔치

5) 아기의 미래를 예측하는 놀이가 있어요.   마) 병문안

2. <보기>에서 (　　　)에 알맞은 것을 골라 쓰십시오.

1) 미역국

2) 품앗이

3) 존중

4) 정

5) 돌잡이

문법

문법 1   -(으)ㄴ/는 데다가

연습

1) 바람도 부는 데다가
2) 생활 습관이 같은 데다가
3) 나라 문화가 다른 데다가
4) 높임말도 없는 데다가

문법 2   -아/어/여야

연습

1) 매일 연습해야
2) 잘 들어줘야

3) 골라야
4) 사과를 해야
5) 잘못을 인정해야
6) 시간을 함께해야

문법 3   끼리

연습

1) 마음이 통하는 친구끼리
2) 종류끼리
3) 아는 사람끼리
4) 내용끼리
5) 외국어끼리
6) 선후배끼리

활동 1

1. ④
2.

룸메이트는 나를	• 배려해 주었어요.
	• 먼저 생각해 주었어요.
	• 이해해 주었어요.

확인 학습

1. <보기>에서 알맞은 것을 골라 쓰십시오.

1) 예의
2) 존중
3) 생활 습관

4) 배려
5) 사고 방식

2. <보기>에서 알맞은 것을 골라 쓰십시오.

1) 고민을 들어주는 편이에요.
2) 성격이 안 맞아서
3) 친구에게 친절한 데다가

4) 친구를 험담하면 안 돼요.
5) 문화를 모르면

문법

문법 1 -기가 불편하다/편하다

연습

1) 활동하기가
2) 수업 듣기가
3) 자기가
4) 오르기가
5) 읽기가
6) 식사하기가

문법 2 -(으)ㄹ정도로

연습

1) 잠길 정도로

2) 걸 정도로
3) 쓰러질 정도로
4) 풀 수 있을 정도예요
5) 빠질 정도로
6) 먹을 정도로

문법 3 -는 게 어때요?

연습

1) 이야기를 해 보는 게 어때요
2) 특산물을 먹어 보는 게 어때요
3) 커피를 마시는 게 어때요
4) 분실물 센터에 가 보는 게 어때요

활동 1

1. ④
2. 1) 생활하면서 전기, 전화, 물 등을 사용하면 사용한 만큼 내는 요금
   2) 직접 은행이나 우체국에 가서 내는 방법과 자동이체하는 방법이 있다.

확인 학습

1. <보기>에서 (   )에 알맞은 것을 골라 쓰십시오.

1) 재발급
2) 자동이체
3) 벌금
4) 공과금
5) 건강보험

2. <보기>에서 (   )에 알맞은 것을 골라 쓰십시오.

1) 연체되었어요.
2) 재발급해 줬어요.
3) 납부해야
4) 부과해요.
5) 신고했어요.

문법

문법 1 　-고 나면

연습

1) 건강검진 결과가 나오고 나면
2) 자기 적성을 알고 나면
3) 학위를 받고 나면
4) 과정을 수료하고 나면
5) 중급 교재를 끝내고 나면
6) 자유 전공 과정을 듣고 나면

문법 2 　에 대해서

연습

1) 한국 유학에 대해서

2) 해외 취업에 대해서
3) 특별한 직업에 대해서
4) 수강신청 방법에 대해서
5) 미래에 대해서
6) 희망 기업에 대해서

문법 3 　-(으)ㄹ 테니까

연습

1) 연봉이 높을 테니까
2) 날씨가 추울 테니까
3) 유미 씨를 응원할 테니까
4) 해외 출장이 많을 테니까
5) 케이크를 만들 테니까
6) 제출 날짜를 여쭤 볼 테니까

활동 1

1. ①
2. ①

확인 학습

1. <보기>에서 알맞은 것을 골라 쓰십시오.

1) 학과 선택
2) 회사 복지
3) 취업 준비
4) 장래희망
5) 근무 조건

2. <보기>에서 알맞은 것을 골라 쓰십시오.

1) 진로를 선택할 수 있어요
2) 전공을 살려서
3) 꿈을 이루기 위해
4) 적성을 무시하고
5) 전망이 좋을 거예요

문법

문법 1 에 따르면

연습

1) 진로 상담 결과에 따르면 먼저 단기 계획을 세운 후에 장기 계획을 세우는 것이 좋다고 해요.
2) 졸업생들의 말에 따르면 학점을 잘 받은 후에 자격증을 따는 것에 좋다고 해요.
3) 고민상담 결과에 따르면 스트레스를 많이 받아서 스트레스를 줄여야 한다고 해요.
4) 일기예보에 따르면 올해 여름은 작년 여름보다 더 덥고 장마가 길다고 해요.
5) 취업 결과 보고서에 따르면 우리 학과의 취업률이 학교에서 제일 높다고 해요.
6) 인터넷 뉴스기사에 따르면 전주국제영화제 때 유명한 해외 영화배우들이 한국을 방문한다고 해요.

문법 2 -더라도

연습

1) 시간이 없더라도
2) 계획을 잘 세우더라도
3) 다양한 경험을 하더라도
4) 고급 시험이 어렵더라도

문법 3 -고 말겠다

연습

1) 그분처럼 성공하고 말겠어요.
2) A+를 받고 말겠어요.
3) 1만 명으로 늘리고 말겠어요.
4) 단어를 외우고 말겠어요.
5) 목표를 이루고 말겠어요.
6) 1,000만 원을 모으고 말겠어요.

활동 1

1. ②
2.

미래 계획	1년	3년	5년
할 수 있는 계획	자격증 따기, 운동하기, 외국어 공부 시작하기	그 나라를 여행해 보기	내가 하고 싶은 것 쓰기

확인 학습

1. 다음 <보기>에서 (   )에 알맞은 것을 골라 쓰십시오.

 1) 재산
 2) 버킷리스트
 3) 단기 계획
 4) 인생 그래프
 5) 장기 계획

2. 다음 <보기>에서 (   )에 알맞은 것을 골라 쓰십시오.

 1) 창업을 할까 해요.
 2) 비전을 가지고
 3) 연수를 가기로 했어요.
 4) 성취할 수 있다
 5) 목표를 이뤘으면 좋겠어요.

색인

유학생을 위한 대학 한국어 중급

초판발행	2025년 1월 3일
지은이	임진숙·한선경·차윤정·안희은·김강희·이훈석
펴낸이	안종만·안상준
편 집	소다인
기획/마케팅	박부하
표지디자인	BEN STORY
제 작	고철민·김원표
펴낸곳	(주)**박영사**
	서울특별시 금천구 가산디지털2로 53, 210호(가산동, 한라시그마밸리)
	등록 1959.3.11. 제300-1959-1호(倫)
전 화	02)733-6771
f a x	02)736-4818
e-mail	pys@pybook.co.kr
homepage	www.pybook.co.kr
ISBN	979-11-303-2070-0 03710

정 가   21,000원